射洪泰安作坊遗址

四川省文物考古研究院
遂宁市宋瓷博物馆　　　编著
射洪县文物管理所

黄家祥　王鲁茂　执笔

文物出版社

封面设计　张希广

责任印制　张道奇

英文翻译　丁晓雷

责任编辑　于炳文　李媛媛

图书在版编目（CIP）数据

射洪泰安作坊遗址／四川省文物考古研究院，遂宁市
宋瓷博物馆，射洪县文物管理所编 . —北京：文物出版社，
2008. 12

ISBN 978-7-5010-2631-9

Ⅰ. 射…　Ⅱ.①四…②遂…③射…　Ⅲ. 酿酒工业－文化
遗址－发掘报告－射洪县　Ⅳ. K878. 55

中国版本图书馆 CIP 数据核字（2008）第 166459 号

射洪泰安作坊遗址

四川省文物考古研究院

遂宁市宋瓷博物馆　编著

射洪县文物管理所

＊

文 物 出 版 社 出 版 发 行

（北京东直门内北小街 2 号楼）

http：//www. wenwu. com

E-mail：web@ wenwu. com

北京君升印刷有限责任公司印刷

新 华 书 店 经 销

889×1194　1/16　印张：17　插页：1

2008 年 12 月第一版　2008 年 12 月第一次印刷

ISBN 978-7-5010-2631-9　定价：260. 00 元

Abstract

Through the archaeological surveys and excavation and the evaluation of experts from relevant disciplines, the remains of Tai'an Brewery in Liushu Township, Shehong County, Sichuan Province is preliminarily proven to be an important site of wine-making industry in China with deep historic connotations and rich material and non-material cultural elements.

Having been permitted by the State Administration of Cultural Heritage, the excavation was conducted in July and August 2007 and uncovered an area of about 500 square meters. Beneath the ground of Tai'an Brewery workshop were the remains of ancient brewery workshops, the cultural deposits of which, about two meters thick in total, could be divided into six layers superimposed one by one almost levelly. The main architectural units discovered were three storage pits, three stone-paved mash airing lots, six fermentation cellars, one receiving tank and one Tuo Spring well still in use to date.

The excavation to the site and the preliminary analyses of the fieldwork data showed that the Tai'an Brewery Site was in use since the Ming and Qing Dynasties. Its range covering about 2000 square meters included the 28 fermentation cellars built in the Ming and Qing Dynasties and maintained and used for production up to now, an abandoned house, which had been facing the street, and a part of Li Bing Temple. The analyses to the styles, features and assemblages of the unearthed utensils and tools showed that most of the remains were that from the early to the later Qing Dynasty, in addition to a few of which were that of the Ming Dynasty.

Clay stucco fragments and mash residues were found and gathered in the fermentation cellars; from the view of brewing technique, we found that the solid state fermentation technique, which was using clay plastered and sealed fermentation cellars to prepare raw materials for distilling liquor, has been applied at Tai'an Brewery at least in the early Qing Dynasty; these discoveries well matched the records in historic literature, and both proved that the solid state fermentation technique of forming airtight condition with clay plastering and clay sealing has very long history.

This report consists of seven chapters, including introduction of the geographic location and environment, historic changes and developments of Tai'an Brewery Site, the causes and process of the archaeological excavation to this site, the descriptions of the uncovered remains and unearthed artifacts, the chronology of the site and conclusion. These chapters analyzed and synthesized the data obtained in this excavation, introduced them in an objective view and provided brand-new archaeological materials for the researches on the traditional wine-making industry in Sichuan Province and the whole China, which are bound to draw attentions of all concerned people.

Oct. 21, 2008

目　　录

插图目录

彩版目录

第一章　前　言

第一节　地理环境与历史沿革

一、地理环境

遂宁市射洪县位于川中丘陵区的北缘，涪江中游。地理位置处于北纬30°40′～31°10′，东经105°10′～105°39′，海拔最高674.6、最低299米。南距成都约150公里（图一），所辖境域呈心脏形。

水系，射洪县域为涪江水系。涪江发源于松潘县黄龙镇海拔5588米的雪宝顶，在涪江上游的平武县融白马藏区的夺补河、羊峒河，南流经江油、绵阳，由三台县的东南部进入射洪县，涪江的另一条重要支流，发源于江油市境内的梓潼江，是射洪县境内第二大河流，流经盐亭的梓江进入县域的东北部，它与众多小溪流垂直于涪江干流，在射洪县柳树镇通泉坝一带汇入涪江，经县西北部斜穿西南进入三台、遂宁等地在合川汇入嘉陵江。1984年最大流量10300立方米/秒，是射洪县境内最大的河流（图二）。

地质地貌，县境地势西北高，东南低。县北为低山、高丘，山高坡陡，沟狭谷深，坡地成台，海拔350～500米，其中海拔500米以上山峰呈斑片状分布，丘形多为长垣状、卧牛状或鱼脊状；县西南部属中丘区，海拔340～460米，其中海拔500米以上山峰呈星点状分布，丘形多为台坎状、半环状或馒头状；县东南是为低丘区，海拔300～380米，丘形多为馒头状，有的地带有分两级侵蚀的台状丘，还有的地方受西山向斜、南充背斜影响有方山分布；沿涪江、梓江两岸是河谷低地平坝地貌，为一、二、三等多级阶地，高出河床7～30米以上不等，这多级阶地分别由河漫滩、新冲积和老冲积地层组成。河谷宽200～2000米。

土壤，境内土壤主要有灰棕、紫色潮土，浅棕紫泥，紫泥，黄壤等。土类分布因地貌而异，紫色土类分布于丘陵、低山区，潮土类分布于江河两岸，黄壤类分布于涪、梓江两岸的高阶地。

气候特点，射洪县境属亚热带湿润气候的东部区，气候温和，四季分明，春季回暖早；夏季雨水集中，雨量充沛；秋季气温下降快，多绵雨；冬季温暖多雾，霜雪不多。

降水，累年年降水量931毫米，其中春季降水268.1毫米，占28%；夏季降水413.3毫米，占49%；秋季降水268.1毫米，占28%；冬季降水34.8毫米，占4%。

霜期，每年都降。平均初霜日是12月初，平均终霜日是次年2月下旬。累年平均无霜日285天。

温度，累年平均极端高温37.2℃，累年平均极端低温2.4℃，累年平均气温17.2℃。

风，受盆周山脉阻挡，风向多为北风和西北风，其次为东南风，西风很少。大风不多，但在个别山口河谷地带偶尔也有 10 级大风。

日照，每年 4~8 月日照总数多，占全年日照 60%；初春和冬季多雾，秋季多连绵阴雨，日照少，占 40%。

蒸发量，年均降水量比蒸发量小 234.2 毫米，比水面蒸发量大 115.2 毫米，比陆面蒸发量大 318.9 毫米。降水量主要分布在夏、秋季，冬、春蒸发量大于降雨量，地表水分基本满足。

植物，植被在历史演变与生态条件的相互作用下，形成与生态环境相吻合的相对稳定植被与动物群落。即偏温性阔叶林以及灌木、蕨类植物；落叶阔叶林中有麻栎属、赤杨属、杨柳科、漆树科、榆科、桑科、蔷薇科和藤本植物。还有针叶林、混交林等。

动物，野生动物群落以鼠的种类居多，也见猓子狸、獾子、狗獾子、黄猴貂、赤狐、水獭等，现已

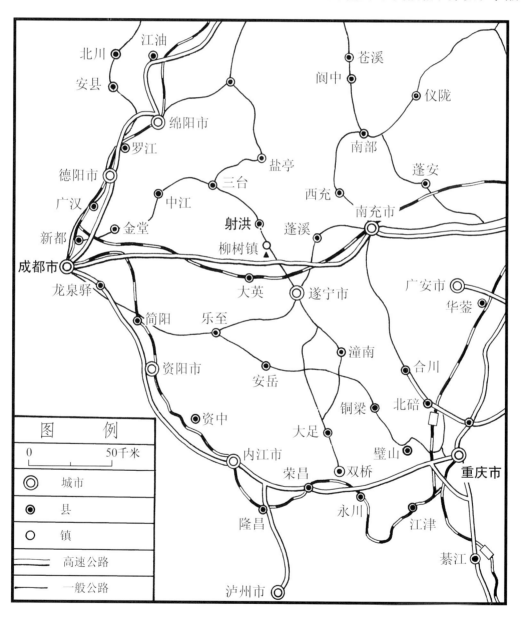

图一　射洪县在四川省的位置示意图

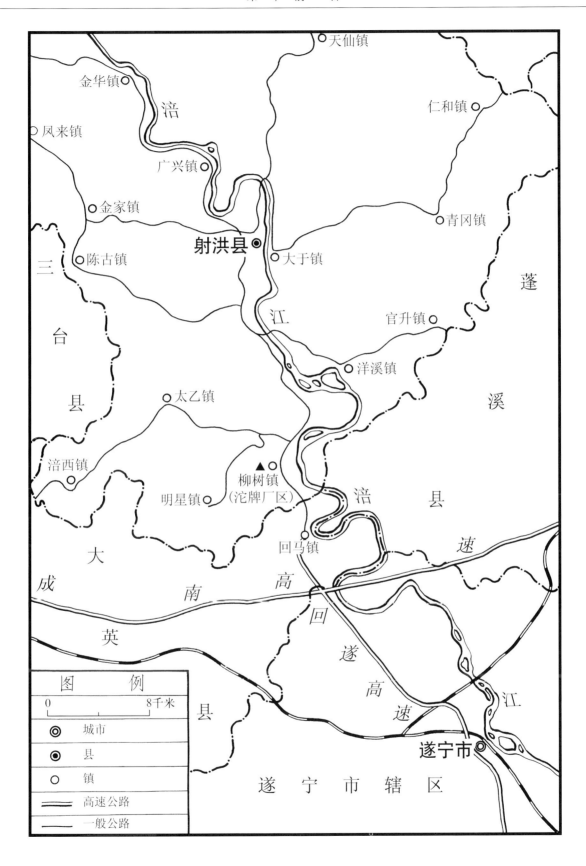

图二　沱牌集团在射洪县的位置示意图

濒临绝灭，饲养动物以猪、牛、羊、犬、鸡、鸭、鹅等为主。还有鱼类、蛇类、蛙类等水生动物[1]。

二、历史沿革

射洪历史悠久，三代时为梁州之域，春秋战国时是为古蜀国境域，秦并巴蜀后为蜀郡辖地，至西汉高祖六年（公元前 201 年），析巴、蜀二郡地置广汉郡[2]，今射洪县域分属广汉郡的广汉县和郪县两县地。当时广汉县治地在今射洪县柳树镇的通泉坝[3]。

射洪县名的由来，始于南北朝时西魏恭帝（554～557 年）置射江县[4]，因县境有射江得名。射江即今之梓江，又名梓潼江[5]。

射洪县的得名，自汉至西魏俱为广汉县（通泉县），北周改名为射洪县，一直沿袭至今[6]。泰安作坊遗址所在地——射洪县柳树镇，清代初期属沿流乡，嘉庆时改名太平乡，清宣统时置柳树乡，至 1985 年代改乡为镇沿袭至今。

第二节　遗址的考古调查发掘与整理及报告编写

一、遗址的考古调查

沱牌集团酿酒生态工业园区的泰安作坊遗址，地处射洪县域南部，距县城 22 公里的柳树镇（图三；彩版一）。位于涪江西岸的柳树坝，这里地势平坦，沿平坝边沿的南、北、东三方周边为连绵起伏的浅丘环绕。遗址西面，涪江由北向南沿平坝西部边沿缓缓流过。土地平旷，气候温和，物产丰富，自古以来就是人类生产劳作、生活的理想之地。

2005 年 6～7 月，沱牌集团拟对酿酒生态工业园区内（彩版二），已被国家文物局、中国食品工业协会共同命名的中国食品工业文化遗产"四川泰安作坊遗址"老车间进行改造（彩版三～五），商请四川省文物考古研究院派出专业人员前往调研。四川省文物考古研究院王鲁茂、黄家祥、黄家全到实地进行现场调查，在射洪县文物管理所杨绍金、曾凌云，沱牌集团公司李家顺、蒋传锡、何兵的支持、配合下，使泰安作坊遗址的考古调查得以顺利进行，在对"泰安作坊遗址"老车间进行实地考察时获知，近几年在泰安作坊遗址一墙之隔的老柳树小学（原川主庙内，1930 年代这里曾是柳树镇的棉花交易市场，1933 年因火灾将市场和庙宇建筑全部烧毁，同时造成烧死近百人的惨案。老柳树

---

〔1〕　射洪县志编委会：《射洪县志》，四川大学出版社，1990 年。

〔2〕　《华阳国志·蜀志》："广汉郡，高帝六年置，本治绳乡，原初二年移涪，后治雒城王莽改曰就都。"绳乡，《水经·江水注》作"乘乡"。又云"县有沈乡"。段玉裁谓"疑即上文之乘乡，乘、绳古音相近"。《后汉书·郡国志》云"广汉有沈水"。

〔3〕　通泉，《元和郡县志》云："本广汉县地，后魏恭帝移于涌山。"《文献通考》云："通泉，隋县，有通泉山。"《隋书·地理志》："新城郡通泉县，旧曰通泉，置西宕渠郡。西魏改郡、县曰通泉。开元初，郡废，县改名。又并光汉县入焉。"唐杜佑《通典》："通泉，汉广汉县地。"

〔4〕　《隋书·地理志》有"西魏置县，北周正名。"

〔5〕　《太平寰宇记》引南北朝时梁人李膺《益州记》说："郪倈滩东六里有射江，土人语讹，以江为洪。"《元和郡县图志》曰："县有梓潼水，与涪江合流，急如箭，奔射江口。蜀人谓水口曰洪，因名射洪。"明曹学铨《蜀中广记》引李膺《益州记》后说："后周从俗，因名射洪。"

〔6〕　射洪县志编委会：《射洪县志》，四川大学出版社，1990 年。

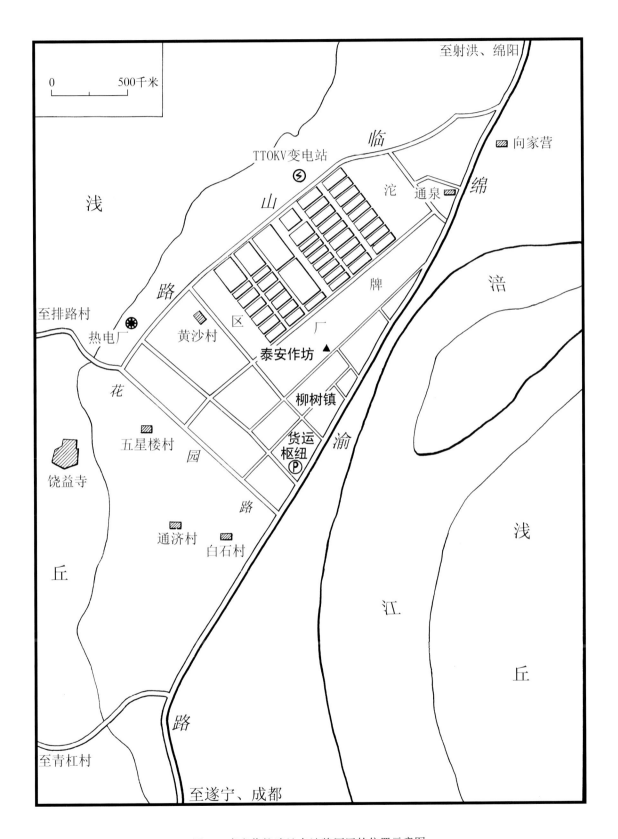

图三 泰安作坊遗址在沱牌厂区的位置示意图

小学就是在原庙宇建筑遗址基础上修建的小青瓦简易平房教室，数年前已搬迁，现为沱牌退休职工住处）挖地基时，在距地面以下1米余深时，挖出2件青花瓷质的碗（图四；彩版六、七）、盘（图五；彩版八、九），且保存完好，现存于沱牌集团档案室，同时也对环绕沱牌集团酿酒生态工业园区内泰安作坊遗址周围邻近地带，进行实地的考古调查。完成《射洪县柳树镇历史文化与考古调查》报告并提交，现存沱牌集团公司档案室。调查期间，考察了在距泰安作坊遗址3公里的平坝北部通泉坝古城址，文献记载，汉至唐宋以来在此建置的古县城遗址；调查过程中，还发现环绕古城址周边山麓半山腰有数量众多、分布密集，且多数已经被盗了的自汉代以降的崖墓群，用于封门或建造砖室墓的汉砖等。考古调查表明：处于射洪县柳树镇沱牌集团泰安作坊遗址平坝及邻近的浅丘地带，古代先民在此生产、生活后遗存下来丰富的文化遗存[1]。

二、遗址的发掘经过

2007年上半年，为配合沱牌集团公司因泰安作坊老车间的改扩建工程的考古发掘工作，黄家祥、王鲁茂收集与本次工作有关资料，做好进行本次考古发掘前期各项准备工作。按文物法规定，四川省文物考古研究院报请四川省文物局和国家文物局批准。2007年7~8月，黄家祥率队进入现场开展发掘工作。考古发掘执照为"中华人民共和国考古发掘证照－考函字（2007）第82号"。发掘领队黄家祥。参加本次工作的有四川省文物考古研究院王鲁茂、黄家全；射洪县文物管理所曾凌云、罗进；沱牌集团公司陈亮、邓永洪、何庆路、胡波等。其间，中国国家博物馆遥感摄影测绘中心主任杨林到现场指导调查、发掘工作。考古发掘过程中，先后到工地考察、指导的有四川省文物考古研究院高大伦、陈显丹、陈德安、周科华、唐飞；四川省博物馆高久成等。

经过前期的调查、踏勘，初步确认泰安作坊老车间现地面以下遗存有我国古代传统酿酒工业的遗迹和遗物，泰安作坊至今仍然是沱牌集团酿酒生产的老车间（彩版一〇；彩版一一，1），泰安作坊车间地面以下是古代酿酒文化遗址，是经过调查、踏勘后得以确认的。泰安作坊酿酒遗址分布包括现泰安作坊车间及邻柳树镇柳树中街现已废弃一幢楼房，原清代庙宇建筑（川主庙）的一部分，面积约2000平方米。发掘地点选择在泰安作坊车间门外东北部的空地，车间西南部已闲置的空房和川主寺的一部分两个地点，布探方和探沟进行发掘（彩版一一，2）。在车间西南部5米×5米探方15个并扩方（彩版一二，1），在车间门外东北空地处布2米×5米探沟4条（图六）。通过发掘可知，泰安作坊遗址在现车间门外地面以下的文化堆积不甚丰富，主要文化层堆积与酿酒遗迹分布于现车间西南部（图七；彩版一二，2）。在调查踏勘期间，对通泉坝古县城遗址布探沟进行试掘。本次发掘面积计500平方米。本报告只是对泰安作坊遗址前期发掘出土的考古资料进行整理，其成果现以报告的形式予以公布。

三、整理与报告编写

泰安作坊遗址考古发掘进行过程中，根据发掘工作进程和对出土遗存认定的需要，2007年8月

---

[1] 柳树镇通泉坝及其附近山麓的崖墓和砖室墓内出土的汉代陶甑、陶俑、陶灶、耳杯、陶鸡、陶猪、陶狗、五铢钱币、钱树等，现藏于射洪县文物管理所。

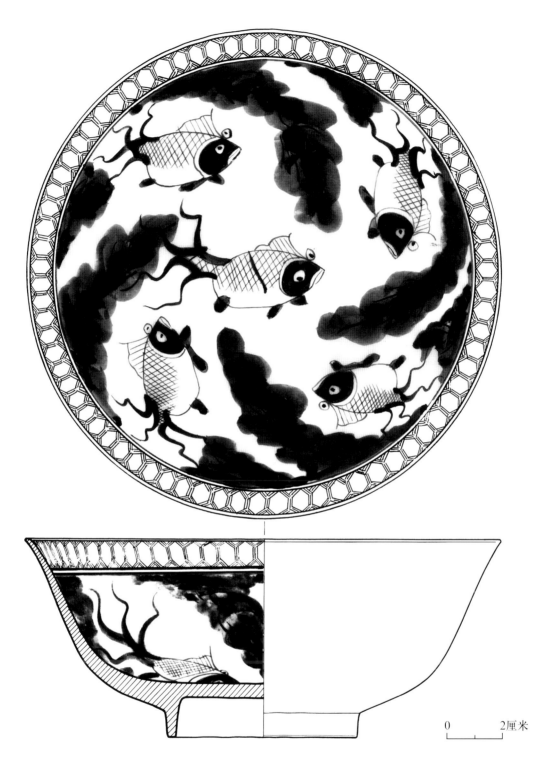

图四 紫酱釉锦地鱼藻纹碗（05TT 征∶1）

图五　双鹿松树纹盘（05TT 征: 2）

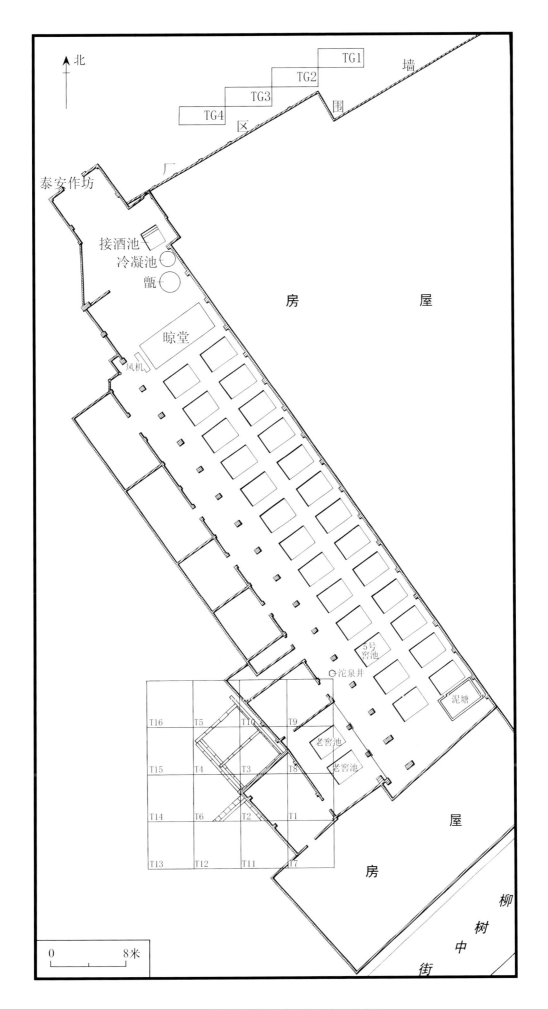

图六 射洪泰安作坊遗址布方位置示意图

第二章　地层与文化堆积

第一节　地　层

沱牌集团泰安作坊遗址位于四川省射洪县柳树镇，紧邻涪江西岸，其自然地层从下至上依次为侏罗系上统紫灰、棕灰色砂岩，紫红色泥岩，为河、湖沉积物，结构疏松，极易崩解风化成碎屑，易流失；白垩系城墙岩群厚343米，主要是浅黄、浅灰色钙质砂岩夹紫红色砂质泥岩、粉砂岩及砾岩；第四系冲积层，分布于涪江、梓江沿岸，上部为灰、黄灰二色黏土和黄褐色沙壤土以及壤土夹砂或砂砾卵石，此层厚一般在10米左右，多呈不连续分布，高出河床27~54米。遗址的文化堆积、包含物以及酿酒遗迹存在于第四系冲积层形成的冲积坝一级阶地上。

第二节　文化堆积

泰安作坊车间门外东北部所开探沟获得的文化层堆积较为简单，所布四条探沟错位相连，依据土质土色划分文化堆积层，四条探沟的堆积、层次划分相同。以07TTTG1北壁剖面为例，其堆积可分为4层（图八）。

第①层：现代地面，为炭渣、灰烬、卵石、渣土回填垫平，作为厂区车间的道路，便于通行。距地表0~50厘米，厚50厘米。

第②层：炭灰、沙夹石土，包含有大量现代砖瓦块、废旧编织袋、条石、石板、石灰三合土块。距地表50~90厘米，厚40厘米。此层下有用条石做地梁，条石上平铺石板废建筑的地面，依据对石板条石及其下面的清理，发现不少现代砖瓦，可明确判定此层下发现的建筑是现代建筑废弃的遗存。

第③层：灰黄色土，含沙，土质疏松，有黏性，土质较纯。包含有少量瓷片，主要为地方窑土青

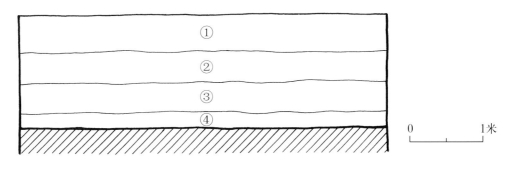

图八　07TTTG1 北壁剖面图

花瓷片、景德镇窑系青花瓷片。器形主要有碗、盘、盖、勺等。观察此层出土的包含物，初步确定为清代层，距地表约 90 ~ 125 厘米，厚约 38 厘米。

第④层：黄色黏土层，土质土色纯净，无包含物出土，是为原生堆积的生土层。距地表约 125 厘米。

通过探沟发掘，可知泰安作坊遗址的文化堆积中心不在这里，此处应是遗址的边缘地带。

探沟第③层所出遗物种类及其瓷器碎片零星、碎小，数量不多，且与在泰安作坊车间西南部发掘探方所划分的文化堆积层的第②层出土的包含物，无论器类、质地绝大多数相同，故泰安作坊车间门外东北部所开探沟的第③层的时代当与泰安作坊车间西南部发掘探方的第②层时代相当，这里不再对泰安作坊车间门外东北部所开探沟出土零星、碎小的瓷片另行介绍。

在泰安作坊老车间西南部，受场地等客观环境因素的制约，所布 5 米 × 5 米探方中，有个别探方未全部进行发掘。通过发掘，获得较为丰富的文化层堆积、遗物和酿酒遗迹，文化层可分为 6 层。由于遗址地势平坦，文化堆积层基本呈水平状相叠，各探方文化堆积的深度较为平均，一般约 2 米。现选择较为典型的探方 T2、T3 东壁剖面为例予以介绍如下（图九）：

第①层：由水泥面、紫色黏土、石灰三合土组成。上以水泥抹面，其下用紫色黏土垫平，再下是零星分布、厚薄不均的石灰三合土层，最上面的水泥地面层在所有的探方均有分布，其下的紫色垫土、厚薄不均的石灰三合土层不是所有的探方都有分布，只出现在部分探方内，将此三层合并为第一层。此层为现代堆积，距地表 0 ~ 20 厘米，最厚 20 厘米。清代庙宇川主庙建筑的条石基础打破此层，灰坑 07TTH1 开口于此层下。

第②层：黑灰土，土质结构紧，颗粒较粗，包含有地方窑土青花瓷片、景德镇窑系青花瓷片、釉陶片等，其中以地方窑烧造的土青花瓷片数量居多，其次是景德镇窑系青花瓷片和釉陶片，另外还有数量较少的泥质陶片以及极少的蓝釉瓷片和豆青瓷碗片。可辨器形主要有罐、钵、碗、盘、盏、杯、灯盏、器耳等生活用品。纹饰主要有山水形纹、草叶纹、弦纹和缠枝纹等，釉陶、泥质陶片几乎均为素面。依据出土物的器形和纹饰，初步推断此层为清代堆积层，距地表约 20 ~ 30 厘米，厚约 10 厘

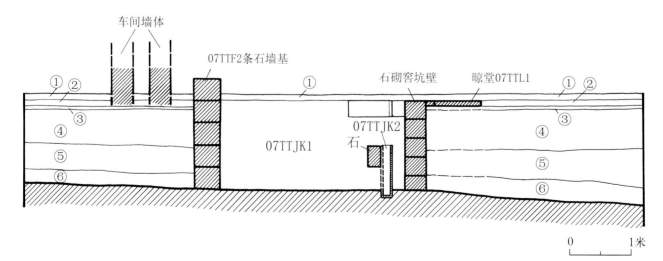

图九　07TTT2、07TTT3 东壁剖面图

米。酿酒窖池07TTJK1与晾堂07TTL1开口于此层下。

第③层：深灰色黄土，含沙，土质疏松，有黏性，土质较纯。包含有地方窑土青花瓷片、景德镇窑系青花瓷片、釉陶片和陶片，其中以地方窑土青花瓷片、景德镇窑系青花瓷片数量居多，釉陶片数量次之，另外还有很少的泥质褐红色或黑灰色陶片。可辨器形主要有碗、盘、盖、勺、缸、盆、钵、灯盏等。依据出土物的器形和纹饰，初步推断此层为清代堆积层，距地表约25～35厘米，厚约10厘米。

第④层：灰黄土，土质结构紧密，夹杂有卵石、砂石块，包含的文化遗物有青花瓷片、釉陶片和少量泥质陶片，可辨器形主要有碗、盘、杯、罐、缸、盆以及器底、口沿、器腹等的残片，纹饰主要有缠枝纹、朵菊纹、凤纹、弦纹、寿字纹、灵芝纹等。依据出土物的器形和纹饰，初步推断此层为清代堆积层。距地表30～75厘米，厚50厘米。

第⑤层：灰沙土，土质较粗，松软，杂有黄色黏土颗粒、石块、卵石。包含的文化遗物有景德镇窑系青花瓷片、釉陶片和极少的泥质黑灰陶片。可辨器形主要有碗、盘、杯、罐、盆、缸等。主要纹饰有弦纹、缠枝纹、灵芝纹，釉陶片多为素面。依据出土物的器形和纹饰，初步推断此层为清代堆积层，距地表75～122厘米，厚约40厘米。

第⑥层：青灰色沙土，泛黑，土质松软，含沙鸡屎坳良炭粒、动物骨渣。包含的文化遗物有地方窑土青花瓷片、景德镇窑系青花瓷片、釉陶片和泥质灰陶片。可辨器形主要有碗、杯、罐、壶、盆、灯盏等。纹饰有垂帐纹、朵菊纹、弦纹，釉陶片以素面为主。依据出土物的器形和纹饰，初步推断此层为明代堆积层。距地表120～140厘米，厚约20厘米（附表一）。

第三章　遗迹分类

泰安作坊遗址发掘清理出的遗迹单位主要有:

一、房屋建筑基址

房屋建筑遗迹 07TTF1、07TTF2 是二进庭院式建筑的一小部分,位于泰安作坊老车间西南角。其庭院式建筑是泰安作坊所在地柳树镇的"九宫十八庙"之一的"川主庙",庙宇地面木结构部分在 20 世纪 30 年代被大火烧毁殆尽,大部分承重墙体也已荡然无存,本次发掘时在原沱牌泰安作坊老车间曾经用作食堂、且早已废弃的房屋布方发掘,需拆除周边墙体时,在拆墙砖的过程中,发现存留的一段老墙体,从墙体拆下的部分砖上可看出有"川主"二字的凿印文字,这为我们确认这二进庭院式建筑是为"川主庙"提供了准确的证据,同时可认定有"川主"二字凿记铭文的墙砖是为修建此"川主庙"而专门定制烧造的。虽然川主庙地面建筑部分早已不存,但其建筑基础保存基本完好,至今可以看出当时建筑的规模与布局。从遗存下来的建筑基础分布推断,本次发掘出的房屋建筑遗迹 07TTF1、07TTF2 应该就是川主庙建筑基址。

二、灰坑

本次发掘清理灰坑仅有 3 个,编号分别为 07TTH1、07TTH2、07TTH3。07TTH1 开口于①层下,打破第②层并叠压 07TTH2,此坑内堆积主要是瓦片、滴水、残兽足和少量景德镇窑系青花瓷杯、盘等。从出土物推测,此坑可能是川主庙房屋建筑毁坏后将大量建筑废弃物并夹杂少量生活用品填埋于此形成。07TTH2 开口于⑤层下,被 H1 叠压,打破第⑥层至生土。坑内填满含沙较重的深灰土堆积。出土的文化遗物有地方窑系土青花瓷片、景德镇窑系青花瓷片、釉陶片和泥质陶片。可辨器形主要有碗、罐、盆、缸等。此坑无人工加工痕迹。07TTH3 开口于⑤层下,打破第⑥层至生土。坑口呈狭长形,两端弧形,平面形状与编号 07TTJK7 的酿酒窖池相似。虽然坑壁、坑底没有保存人工加工痕迹,但人为有意挖成是无疑的。从坑的形状、深度等方面推测,并与清理出的酿酒窖池比较观察,此坑当初是作为酿酒窖池开挖的可能性较大,不知何种原因后来没有修筑成窖池,疑是酿酒窖池的"半成品"(彩版一五,1)。坑内堆积填满含沙较重的深灰土。包含的文化遗物主要有地方窑系土青花瓷片、景德镇窑系青花瓷片、釉陶片和泥质陶片。可辨器形主要有罐、盆、缸、碗等。

三、晾堂

本次发掘揭露出晾堂 3 处,开口于不同的层位,编号分别为 07TTL1、07TTL2、07TTL3。07TTL1

与窖池07TTJK1紧紧相连，用石板铺成，开口于②层下，打破第③层。平面呈长方形，使用大小不同的长方形、方形、厚8厘米石板计29块，错缝平铺，对拼砌实（彩版一五，2）。07TTL2开口于③层下，打破第④层。揭露出的部分平面似圆角方形或长方形，用糯米浆、石灰等拌合的三合土并加入小石子平铺垫筑成，晾堂边沿凸边。07TTL3开口于③层下，打破第④层，揭露出的部分平面似圆角方形或长方形，用糯米浆、石灰等拌合的三合土并加入小石子平铺垫筑成，晾床边沿凸边。

四、酿酒窖池

本次发掘清理出酿酒窖池6口，开口于不同的层位，编号为07TTJK1～07TTJK3、07TTJK5～07TTJK7。窖池坑口平面多数为圆角长方形，窖池有深、浅之分，大、小之别，容积多、少的不同。仅就修建窖池使用的材料观察也有三种，其一使用砂岩条石筑砌窖壁，如07TTJK1，揭露出的窖池边是使用条石筑砌的，筑砌好边壁后再抹黄泥，然后在黄泥上插竹钉编网状绳索，覆抹窖泥。其二，使用石灰拌成的三合土作窖池，如07TTJK2、07TTJK3（彩版一六；彩版一七，1）、07TTJK5。其三，使用紫色黄泥为主，添加很少的石灰、河沙混合成的三合土修筑的窖池，如07TTJK6（彩版一八）、07TTJK7（彩版一七，2）。使用不同材料筑砌酿酒窖池可能反映出不同时期建筑窖池的时段特征。

五、接酒池

本次发掘揭露接酒池1口，编号为07TTjk4，从揭露出的形状观察，使用石灰覆抹池壁，覆抹池壁的石灰层较薄，厚约3厘米，深52厘米，揭露出的坑口平面近正方形（彩版一九，1），与泰安作坊老车间至今依然在使用的接酒池十分相似，与07TTJK2、07TTJK3、07TTJK5酿酒窖池坑壁比较，无论坑壁的厚度、深度，还是坑的形状、大小都有明显区别。

六、水井

本次发掘发现水井1眼，编号为07TTJ1。井口露头于地面，直接由地表打入地下冒出泉水处的出水层。20世纪80年代曾在井底内安装水泵抽水供生产使用，可见此井的泉水涌出量很大。井口原井圈为六边形石井圈（水井20世纪80年代安装水泵等设备将六边形石井圈取掉后遗失，用条石砌筑密封井口，现井圈为圆形是后来加装安上的），现井口高出地表15厘米，六边形井壁叠砌而成，与井底完全是原状保存，保存状况完好（彩版一九，2）。现井底未进行清理，其内遗物不明。

第四章 出土遗物

泰安作坊遗址地层堆积、灰坑、接酒池、酿酒窖池等诸单位废弃堆积所包含的文化遗物中经初步整理，出土完整、可修复的器物共计337件，按照质地可分为地方窑烧造的土青花瓷器84件、江西景德镇窑系青花瓷器127件、釉陶器73件、陶器28件、石器3件、残铜器2件、铜钱币20枚、铁器1件。对地层堆积和各类遗迹诸单位出土的地方窑土青花瓷器、景德镇窑系青花瓷器、釉陶器、陶器等不能修复的器物碎片，做了器形统计和陶瓷片统计（参见附表）。地方窑烧造的土青花瓷器主要有各型碗、盘、勺等器形，其中以各型碗的数量居多；景德镇窑系的青花瓷器主要有碗、盘、杯、罐、勺等器形，以各型碗、杯的数量居多；釉陶器主要有缸、壶、罐、坛、盆、钵、灯盏、管状流、器底等器类形，其中以缸、壶、罐的数量居多；陶器主要有盆、壶、器盖、罐、火炉、建筑构件等器形，其中以盆、壶数量居多；钱币中以清代钱币居多，少量唐代钱币和极少的明代晚期钱币；铜器、石器、铁器数量极少。

第一节 地方窑烧造的土青花瓷器

共计84件。分别出自多个探方的第②层、第③层、第④层、第⑤层、第⑥层，灰坑、酿酒窖池、接酒池诸单位的堆积中。多数瓷器的瓷胎胎土不是纯白，或白中泛灰、泛黄，胎质相对较粗，青花釉料发色浅淡，不均匀，制作、烧造的工艺也较江西景德镇窑系青花瓷略低一等。纹饰主要有粗放的山水纹、亭台、缠枝纹、团花、草卉纹、垂幛纹等。器形主要有碗、盘等。

一、碗

67件。依据腹部特征分为五型。

A型 28件。斜腹。依据口部特征分为三亚型。

Aa型 10件。敞口。依据唇部特征分为三式。

Ⅰ式 5件。圆唇微卷。例如标本07TTT2⑥：1、07TTT3⑥：1。

Ⅱ式 3件。圆唇外卷。例如标本07TTT1⑥：1、07TTT4⑥：7。

Ⅲ式 2件。卷唇沿。例如标本07TTT3⑥：2、07TTJK6：13。

Ab型 8件。收口。依据唇部、圈足特征分为二式。

Ⅰ式 6件。圆唇，圈足内外直墙。例如标本07TTT2②：3、07TTT1③：1、07TTT1③：15、07TTT1④：6、07TTT1④：8、07TTT1⑤：20。

Ⅱ式　2件。尖圆唇，圈足内外斜直墙。例如标本07TTJK1：1、07TTH1：12。

Ac型　10件。斜直口。例如标本07TTT1④：7。

B型　16件。斜弧腹。依据唇部特征分为五式。

Ⅰ式　4件。尖圆唇。例如标本07TTT3⑥：11、07TTT2⑥：2。

Ⅱ式　2件。圆唇。例如标本07TTJK6：11。

Ⅲ式　2件。方圆唇。例如标本07TTT2⑤：13。

Ⅳ式　4件。方尖唇。例如标本07TTT3④：18、07TTT2⑤：9、07TTjk4：2。

Ⅴ式　4件。尖唇。例如标本07TTT2②：4、07TTT2②：5。

C型　10件。浅弧腹。依据唇部、圈足特征分为四式。

Ⅰ式　2件。方唇，圈足削足。例如标本07TTT3⑥：6。

Ⅱ式　2件。方圆唇，圈足内外墙削足。例如标本07TTT3⑥：5、07TTJK6：12。

Ⅲ式　2件。圆唇，圈足为尖圆足底。例如标本07TTJK7：7、07TTJK7：18。

Ⅳ式　4件。尖圆唇，圈足内墙外撇。例如标本07TTT2③：2、07TTT3④：2、07TTT4④：1、07TTT3⑤：4。

D型　2件。折腹。依据唇部、圈足特征分为二式。

Ⅰ式　1件。方圆唇，阶梯状足。例如标本07TTT3⑤：3。

Ⅱ式　1件。圆唇，圈足内墙外斜。例如标本07TTT3④：9。

E型　11件。斜直腹，腹壁有折痕。依据唇部、圈足特征分为三式。

Ⅰ式　1件。方尖唇，斜墙圈足。例如标本07TTT1⑤：12。

Ⅱ式　4件。尖圆唇，近直墙圈足。例如标本07TTT1④：9、07TTT1⑤：7。

Ⅲ式　6件。尖唇，圈足内斜墙、外直墙。例如标本07TTT1②：12、07TTT2④：5、07TTT1⑤：6、07TTJK3：12。

二、盘

13件。依据口部、胎体特征分为二型。

A型　10件。收口，厚胎，器形体量较大。依据唇部特征分为三式。

Ⅰ式　3件。方唇。例如标本07TTT1④：10、07TTT2⑤：6、07TTH2：7。

Ⅱ式　4件。方圆唇。例如标本07TTT1③：3、07TTT1⑤：9、07TTJK6：10。

Ⅲ式　3件。圆唇。例如标本07TTT1②：1。

B型　3件。敞口。瓷胎较薄，器形体量较小。例如标本07TTJK1：9。

三、器盖

1件。例如标本07TTJK3：3。

四、碟

3件。例如标本07TTT1②：5、07TTJK1：2、07TTJK3：13。

第二节　景德镇窑系青花瓷器

共计 127 件。分别出自多个探方的第②层、第③层、第④层、第⑤层、第⑥层，灰坑、酿酒窖池、接酒池诸单位的堆积中。多数瓷器的瓷胎胎土细腻，胎质紧密坚硬，青花釉料发色浓淡均匀，制作、烧造的工艺成熟，较景德镇以外的地方窑同时代烧造的土青花瓷器成熟、美观。纹饰主要有山水纹、草叶纹、松竹梅纹、人物纹、锦地纹、鱼藻纹、缠枝花卉纹等。器形主要有碗、杯、盘、罐、勺等。

一、碗

49 件。依据腹部特征分为五型。

A 型　18 件。斜腹下收。依据圈足特征分为二亚型。

Aa 型　11 件。圈足较矮。依据口部特征分为四式。

Ⅰ式　3 件。斜直口。例如标本 07TTT3③：1、07TTT1⑥：7、07TTT4⑥：1。

Ⅱ式　2 件。口微敞。例如标本 07TTT4⑥：2、07TTJK6：8。

Ⅲ式　2 件。敞口外撇。例如标本 07TTT1⑤：23、07TTJK7：22。

Ⅳ式　4 件。撇口（包括 2 件灵芝花纹碗）。例如标本 07TTJK5：4、07TTJK7：15。

Ab 型　7 件。圈足较高。依据唇部特征分为三式。

Ⅰ式　4 件。圆唇。例如标本 07TTT1⑤：8。

Ⅱ式　2 件。尖圆唇。例如标本 07TTT4⑤：6。

Ⅲ式　1 件。方圆唇。例如标本 07TTT4④：5。

B 型　11 件。圆弧腹。依据唇部特征分为三式。

Ⅰ式　3 件。方唇。例如标本 07TTT4⑥：9。

Ⅱ式　5 件。方尖唇足。例如标本 07TTT2⑤：1、07TTJK6：9、07TTJK6：4、07TTH3：3。

Ⅲ式　3 件。尖圆唇。例如标本 07TTT4⑤：1、07TTT3⑤：2、07TTT3⑤：7。

C 型　3 件。斜弧腹。例如标本 07TTT4⑤：4、07TTJK7：11、07TTJK7：23。

D 型　15 件。浅弧腹。依据口部特征分为二亚型。

Da　7 件。收口。依据圈足特征分为三式。

Ⅰ式　2 件。圈足外墙内敛，里墙外撇，尖平足。例如标本 07TTT4⑤：10。

Ⅱ式　3 件。圈足外墙斜削尖足。例如标本 07TTT4⑤：5、07TTJK7：12、07TTJK7：1。

Ⅲ式　2 件。圈足外直斜墙、内墙外撇尖足。例如标本 07TTT3⑤：13、07TTT3⑤：1。

Db 型　8 件。斜直口。依据唇部特征分为三式。

Ⅰ式　3 件。方圆唇。例如标本 07TTJK7：4。

Ⅱ式　3 件。尖圆唇。例如标本 07TTT4⑤：2、07TTJK7：1。

Ⅲ式　2 件。圆唇。例如标本 07TTT3③：8。

E 型 2 件。折腹。例如标本 07TTT4④：3。

二、酒杯

52 件。依据口部特征分为三型。

A 型 16 件。收口。依据唇沿特征分为四式。

Ⅰ式 2 件。尖圆唇。例如标本 07TTT1⑥：4、07TTT2⑥：4。

Ⅱ式 1 件。圆唇。例如标本 07TTT2⑥：5。

Ⅲ式 8 件。方唇。例如标本 07TTT1⑤：2、07TTT1⑤：26、07TTT1⑤：11、07TTT2⑤：7、07TTH3：1。

Ⅳ式 5 件。方圆唇。例如标本 07TTT4④：2、07TTJK3：16、07TTJK3：17、07TTjk4：6、07TTjk4：7。

B 型 27 件。敞口。依据唇沿特征分为五式。

Ⅰ式 1 件。方圆唇。例如标本 07TTT1⑥：3。

Ⅱ式 1 件。方唇。例如标本 07TTT3⑥：8。

Ⅲ式 11 件。尖圆唇。例如标本 07TTT1④：1、07TTT1④：11、07TTT2④：3、07TTT2⑤：5。

Ⅳ式 7 件。方尖唇。例如标本 07TTT2②：19、07TTT1④：2、07TTT1④：3。

Ⅴ式 7 件。尖唇。例如标本 07TTT3②：2、07TTT3②：3、07TTT3②：4、07TTT4②：1。

C 型 8 件。撇口。依据唇沿特征分为三式。

Ⅰ式 1 件。方唇。例如标本 07TTJK7：21。

Ⅱ式 3 件。方圆唇。例如标本 07TTT2⑤：2、07TTT2⑤：8、07TTT2⑤：10。

Ⅲ式 4 件。圆唇。例如标本 07TTT1②：9、07TTH1：5、07TTH1：6。

另有带"成"字底款的圈足杯底 1 件（07TTJK7：14）。

三、盘

15 件。依据口沿特征分为三型。

A 型 5 件。收口。依据唇沿、圈足特征分为三式。

Ⅰ式 1 件。圆唇，圈足足墙为尖足。例如标本 07TTT1⑤：14。

Ⅱ式 1 件。方圆唇，圈足足墙为圆足。例如标本 07TTT3④：1。

Ⅲ式 3 件。尖圆唇，圈足足墙为平足。例如标本 07TTT3②：6、07TTJK3：11、07TTH1：4。

B 型 6 件。斜直口。依据唇沿特征分为二式。

Ⅰ式 1 件。圆唇。例如标本 07TTH2：1。

Ⅱ式 5 件。方圆唇。例如标本 07TTT4③：1、07TTT3④：7、07TTT2⑤：3、07TTJK7：2。

C 型 4 件。敞口。依据唇沿特征分为二式。

Ⅰ式 3 件。圆唇。例如标本 07TTT4③2、07TTT3③：2、07TTT2④：4。

Ⅱ式 1 件。方圆唇。例如标本 07TTT2②：10。

四、罐

4 件。依据口部特征分为二型。

A 型　3 件。小口。依据领部特征分为三式。

Ⅰ式　1 件。子母口。例如标本 07TTH2∶8。

Ⅱ式　1 件。高领。例如标本 07TTJK6∶3。

Ⅲ式　1 件。矮领。例如标本 07TTJK1∶10。

B 型　1 件。大口。例如标本 07TTJK1∶13。

五、壶

1 件，残。例如标本 07TTT1⑤∶5。

六、勺

5 件。例如标本 07TTT2②∶2、07TTT3④∶6、07TTT3④∶5、07TTT3⑤∶5、07TTJK3∶1。

七、带底款瓷片

1 件。例如标本 07TTH1∶8。

第三节　地方窑釉陶器

共计 73 件。分别出自探方地层堆积和不同的遗迹单位内。釉陶胎质紧密坚硬，多为暗红色，器表施釉有酱釉、灰黄色釉、青灰色釉。多数为素面，可见少量的团菊花瓣纹、波浪纹。器形主要有壶、缸、罐、灯盏、钵等。

一、缸

20 件。依据口沿特征分为二型。

A 型　9 件。平沿。依据唇沿特征分为四式。

Ⅰ式　1 件。唇沿较窄薄。例如标本 07TTT2⑥∶10。

Ⅱ式　5 件。唇沿渐宽增厚。例如标本 07TTT3⑤∶20、07TTH2∶4。

Ⅲ式　2 件。唇沿宽厚。例如标本 07TTT3④∶13、07TTT3④∶14。

Ⅳ式　1 件。唇沿特宽厚。例如标本 07TTT2③∶3。

B 型　11 件。宽折沿。依据唇部特征分为四式。

Ⅰ式　1 件。方唇。例如标本 07TTH2∶3。

Ⅱ式　5 件。方圆唇。例如标本 07TTT3⑤∶8、07TTT3⑤∶6、07TTT3⑤∶14、07TTT1⑤∶17、07TTH3∶5。

Ⅲ式 3件。尖圆唇。例如标本07TTT1③：5、07TTT2③：5、07TTT3④：20。

Ⅳ式 2件。尖唇。例如标本07TTT2③：4、07TTT3④：15。

二、壶

14件。其中13件依据口部特征分为三型，另有残壶1件（07TTJK1：6）。

A型 5件。杯形口。依据唇部特征分为三式。

Ⅰ式 2件。尖唇。例如标本07TTT4⑥：3、07TTT3⑥：7。

Ⅱ式 2件。圆唇。例如标本07TTH3：8。

Ⅲ式 1件。方圆唇。例如标本07TTT3④：10。

B型 7件。斜直口。依据唇部特征分为三式。

Ⅰ式 1件。尖圆唇。例如标本07TTT1⑥：5。

Ⅱ式 2件。方圆唇。例如标本07TTJK6：5、07TTJK7：3。

Ⅲ式 4件。圆唇。例如标本07TTJK5：2、07TTH3：4。

C型 1件。直口。例如标本07TTT2④：8。

三、罐

17件。其中14件依据口部特征分为四型，另外有残罐底3件（07TTT3④：21、07TTT3④：22、07TTT3⑥：9）。

A型 8件。小口。依据唇部特征分四式。

Ⅰ式 2件。方唇。例如标本07TTT1⑤：25。

Ⅱ式 3件。方圆唇。例如标本07TTT2②：1、07TTT3③：5、07TTT4⑤：7。

Ⅲ式 2件。尖圆唇。例如标本07TTT3④：12、07TTT4⑤：8。

Ⅳ式 1件。尖唇。例如标本07TTT2④：11。

B型 3件。大口。依据唇部特征分为三式。

Ⅰ式 1件。圆唇。例如标本07TTJK7：4。

Ⅱ式 1件。方圆唇。例如标本07TTH3：10。

Ⅲ式 1件。尖圆唇。例如标本07TTT3⑤：16。

C型 2件。中口。依据唇部特征分二式。

Ⅰ式 1件。尖唇。例如标本07TTT3⑥：17。

Ⅱ式 1件。尖圆唇。例如标本07TTT1⑤：16。

D型 1件。敛口。例如标本07TTT3⑥：16。

四、灯盏

6件。依据柄特征分为三型。

A型 3件。长柄盘状底足。例如标本07TTT2③：1、07TTJK3：6。

B 型　2 件。杯形柄足。例如标本 07TTT1④：12、07TTJK3：4。

C 型　1 件。无柄饼形底足。例如标本 07TTJK3：2。

五、钵

2 件。依据唇部特征分为二式。

Ⅰ式　1 件。圆唇。例如标本 07TTJK7：24。

Ⅱ式　1 件。圆叠唇。例如标本 07TTJK5：1。

六、坛

2 件。依据口沿特征分为二式。

Ⅰ式　1 件。直口，尖唇，斜沿。例如标本 07TTH3：6。

Ⅱ式　1 件。敛口，圆唇，宽平沿。例如标本 07TTT1③：7。

七、管状流

2 件。依据流管特征分为二式。

Ⅰ式　1 件。流管直。例如标本 07TTT1⑥：11。

Ⅱ式　1 件。流管弯曲。例如标本 07TTT1⑤：18。

八、擂钵

1 件。例如标本 07TTT4②：6。

九、盆

1 件。例如标本 07TTT3⑥：15。

一〇、大烟烟锅

2 件。例如标本 07TTJK1：4、07TTJK1：5。

一一、碟

1 件。例如标本 07TTT3④：16。

一二、品酒杯

2 件。例如标本 07TTT2④：1、07TTJK5：3。

一三、器盖

1 件。例如标本 07TTT2②：8。

一四、纹饰釉陶

2 件。例如标本 07TTT2⑥：11、07TTH3：7。

第四节　陶器

共计 28 件。分别出自探方地层堆积和不同的遗迹单位内。陶器胎质以器表黑灰的泥质灰陶为主，另外有个别的夹砂陶如火炉（07TTJK3：5）。多数为素面，可见少量弦纹。器形主要有盆、壶、罐、建筑构件、炉、杯等。

一、盆

7 件。依据口沿特征分为二型。

A 型　5 件。折沿。例如标本 07TTT3⑤：17、07TTT2⑥：14、07TTT2⑥：15、07TTT2⑥：3、07TTH2：6。

B 型　2 件。叠唇。例如标本 07TTT1⑥：9、07TTT2⑥：7。

二、壶

5 件。其中 4 件依据口部特征分为二式，另有 1 件口部残，外底部刻一"李"字（07TTT2②：5）。

Ⅰ式　3 件。杯形口。例如标本 07TTT2④：10、07TTT1⑥：2、07TTT1⑥：8。

Ⅱ式　1 件。侈口。例如标本 07TTT3④：11。

三、罐

2 件。有直口罐（07TTJK7：9）、直腹罐（07TTT4②：5）。

四、火炉

1 件。例如标本 07TTJK3：5。

五、器盖

4 件。例如标本 07TTT1②：2、07TTJK1：3、07TTJK1：11、07TTJK1：7。

六、杯

1 件。例如标本 07TTT4③：3。

七、建筑构件

3 件。分别为亮瓦 1 件（07TTH1：1）、滴水 1 件（07TTH1：2）、残兽足 1 件（07TTH1：3）。

八、灯盏

2 件。例如标本 07TTT2④：6。

九、大烟烟锅

1 件。例如标本 07TTJK1：8。

一〇、钵

1 件。例如标本 07TTH2：5。

一一、器耳

1 件。例如标本 07TTT1⑥：10。

第五节　石　器

共计 3 件。分别出自探方地层堆积和不同的遗迹单位内，为河卵石或石岩石琢磨而成，分别为石圆饼形器 1 件（07TTT1⑥：6）、石锤 1 件（07TTJK7：10）、石臼 1 件（07TTjk4：1）。

第六节　铜器和钱币

一、铜器

2 件。出土的铜器俱为铜器残件，分别为铜勺柄 1 件（07TTT1⑤：21）、铜圈足 1 件（07TTT1⑤：19）。

二、钱币

20 枚。分别为开元、崇祯、康熙、乾隆、嘉庆、道光、咸丰七种年号的钱币，其中开元通宝 3 枚，崇祯通宝 2 枚，康熙通宝 3 枚，乾隆通宝 7 枚，嘉庆通宝 1 枚，道光通宝 2 枚，咸丰通宝 2 枚。

第七节　铁　器

本次发掘仅出土 1 件铁矛，标本号为 07TTT1②：4。

第五章　堆积单位分述

　　泰安作坊遗址的堆积单位包括：文化层堆积第②层～第⑥层；川主庙建筑基址，即本次发掘所揭露出的石砌建筑基础部分，依据揭露出条石基础的埋藏深度、使用条石规格大小的不同，分别编号为07TTF1，07TTF2，另外川主庙建筑基址07TTF2下发现排水沟07TTG1一条；晾堂07TTL1～07TTL3；酿酒窖池07TTJK1～07TTJK3、07TTJK5～07TTJK7；接酒池07TTjk4；水井07TTJ1；灰坑07TTH1～07TTH3。其中川主庙建筑基址07TTF1、07TTF2和其下的排水沟07TTG1、晾堂07TTL1～07TTL3诸遗迹无包含物出土；07TTJK2因被07TTJK1、07TTL1及其下的文化堆积所压，露出部分很少，不便清理，故07TTJK2窖池内的堆积及其器物组合不明；水井07TTJ1井底未进行清理，是否有古代遗物不明。

第一节　文化层堆积单位出土遗物

　　文化堆积单位共分6层，第①层因是现代水泥地面无包含物外，第②～第⑥层均有文化遗物出土。各文化堆积层的土质土色已在第二章第二节"文化堆积"中介绍，现按各层堆积单位介绍出土文化遗物。

一、文化层堆积单位第②层出土遗物

　　本层出土遗物包括地方窑土青花瓷器、景德镇窑系青花瓷器、釉陶器、陶器、石器和钱币（附表二～九）。

　　1. 地方窑土青花瓷器

　　有 Ab 型Ⅰ式碗、B 型Ⅴ式碗、E 型Ⅲ式碗、A 型Ⅲ式盘、碟。

　　Ab 型Ⅰ式碗　1件。标本07TTT2②:3，灰色瓷胎，质地粗。口微敞，圆唇，斜腹弧壁下收，圈底，圈足内外直墙。内、外壁施玻璃质釉，釉层薄、透明。唇沿饰青釉晕染，底壁饰一环状纹内套一蝙蝠纹，外壁饰山形纹。釉料发纯蓝。圈足底有乳突和轮制旋痕线。口径15.7、足径7.1、通高5.5厘米（图一〇，1、2；彩版二〇）。

　　B 型Ⅴ式碗　2件。07TTT2②:4，灰色瓷胎，质地细。敞口，尖唇，斜腹下收，圈平底，碗外壁底部乳突不明显。近直墙圈足，内壁底、外腹壁以下露胎。内、外壁施玻璃质釉，釉层薄、透明。圈足底有轮制旋痕线。口径9.8、足径4.9、通高4.1厘米（图一〇，3）。标本07TTT2②:5，灰色瓷胎，质地细。敞口，尖唇，斜腹壁下收，平底，底部乳突不明显，圈足。内壁底、圈足露胎。碗外壁

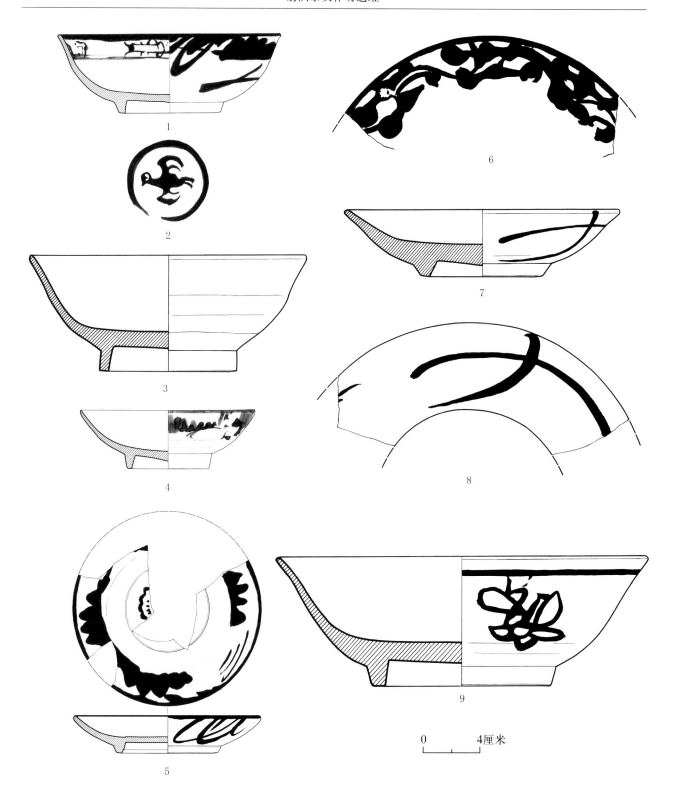

图一〇　第②层出土地方窑土青花瓷器

1. Ab 型 I 式碗（07TTT2②：3）　2. Ab 型 I 式碗（07TTT2②：3）底心图案　3. B 型 V 式碗（07TTT2②：4）

4. E 型 III 式碗（07TTT1②：12）　5. A 型 III 式盘（07TTT1②：1）　6. 碟（07TTT1②：5）内沿纹饰展开图

7. 碟（07TTT1②：5）　8. 碟（07TTT1②：5）外壁纹饰展开图　9. B 型 V 式碗（07TTT2②：5）

饰花卉纹。口径13、足径6.3、通高4.5厘米（图一〇，9）。

E型Ⅲ式碗　1件。07TTT1②：12，灰色瓷胎，质地细。敞口，尖唇，斜腹下收，圜平底，圈足为内斜墙，外直墙平足，底有乳突。内、外壁施玻璃质釉，釉层薄、透明。内壁口沿饰青釉弦纹，口沿饰青釉晕染，外壁饰变形山水纹。圈足底有轮制旋痕线和跳刀痕。口径12.5、足径5.8、通高4.1厘米（图一〇，4）。

A型Ⅲ式盘　1件。标本07TTT1②：1，灰白瓷胎，质地细。收口，圆唇，浅腹，平底，圈足。内壁饰青釉山形纹，唇沿以青釉晕染。外壁饰青釉兰草状纹。釉料发色蓝泛深。口径13.3、足径7.3、通高2.6厘米（图一〇，5）。

碟　1件。标本07TTT1②：5，灰白瓷胎，质地细。斜直口，尖圆唇，浅腹，平底，圈足。内壁饰青釉缠枝花蕾纹，唇沿以青釉晕染。外壁饰青釉兰草状纹。釉料发色蓝泛深。口径9.7、足径4.4、通高2.3厘米（图一〇，6～8）。

2. 景德镇窑系青花瓷器

有B型Ⅳ式酒杯、B型Ⅴ式酒杯、C型Ⅲ式酒杯、A型Ⅲ式盘、C型Ⅱ式盘、勺。

B型Ⅳ式酒杯　1件。标本07TTT2②：19，灰色瓷胎，胎质细。敞口，方尖唇，浅斜腹下收，平底，圈足。内、外壁施玻璃质釉，釉层薄，釉色灰白，不及底，露胎。口径4.5、足径2.4、通高1.6厘米（图一一，1）。

B型Ⅴ式酒杯　4件。标本07TTT3②：2，灰色瓷胎，胎质细。敞口，尖唇，浅斜腹下收，平底，圈足。内、外壁施玻璃质釉，釉薄，釉色灰白。釉不及底，露胎。圈足处有数周轮制弦线。口径4.8、足径2.2、通高1.6厘米（图一一，2）。标本07TTT3②：3，胎质、器形同前述，外壁唇沿以青釉点彩装饰，釉料发色纯蓝。口径4.8、足径2.4、通高1.9厘米（图一一，4）。标本07TTT3②：4，灰色瓷胎，胎质细。敞口，尖唇，斜腹下收，圜平底，圈足。内、外壁施玻璃质釉，釉层薄，用红彩以鼠、"寿"字、折枝花装饰，釉下彩。口径6.7、足径3、通高3.1厘米（图一一，5）。标本07TTT4②：1，灰白瓷胎。敞口，尖唇，斜腹，圜底，圈足。削足，有跳刀痕，露胎。杯外壁口沿处施青釉点彩，釉料发色纯蓝。圈足底有一乳突。口径4.6、足径2.3、通高1.9厘米（图一一，3）。

C型Ⅲ式酒杯　1件。标本07TTT1②：9，白瓷胎，质地细腻。撇口，圆唇，唇沿外撇，斜直腹壁，平底，直墙圈足。外壁饰紫酱色釉。内壁及底饰鱼藻纹。口径7.4、足径3、通高4.7厘米（图一一，6、7；彩版二一）。

A型Ⅲ式盘　1件。标本07TTT3②：6，白色瓷胎，质地细。敞口，尖圆唇，斜弧腹下收，圜平底，圈足足墙为平足。内、外壁施玻璃质釉，釉层薄。外腹壁饰山水纹。口径14.8、足径6.8、通高3.5厘米（图一二，1）。

C型Ⅱ式盘　1件。标本07TTT2②：10，白色瓷胎，质地细。敞口，方圆唇，浅腹壁下收，平底，圈足。内壁口沿、腹壁饰矾红，呈不规则宽带状。口径15.3、足径8.8、通高2.9厘米（图一二，2）。

勺　1件。标本07TTT2②：2，灰色瓷胎，质地粗。勺柄与勺池饰青釉缠枝纹，勺池底部呈凹足

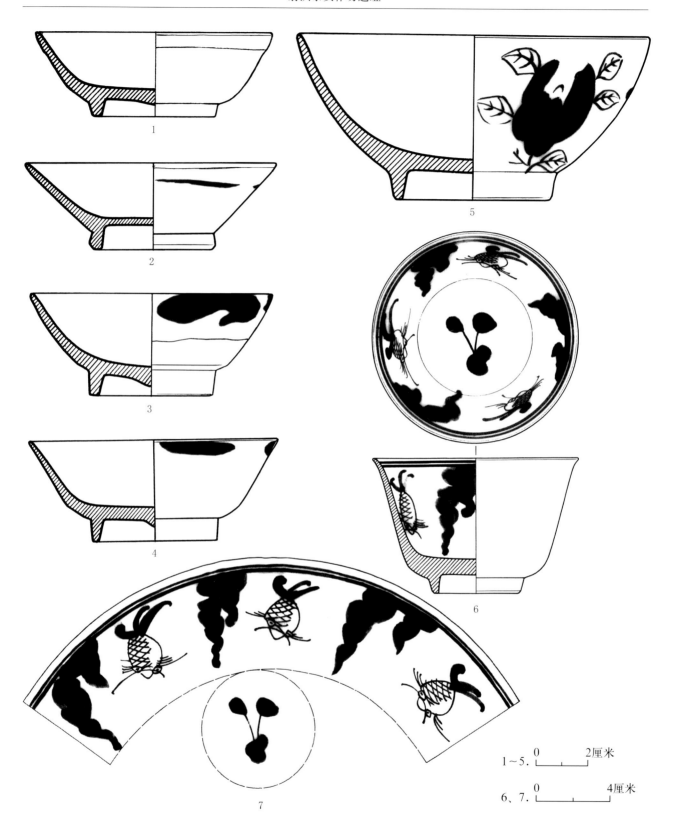

图一一　第②层出土景德镇窑系青花瓷酒杯

1. B 型Ⅳ式（07TTT2②:19）　2. B 型 V 式（07TTT3②:2）　3. B 型 V 式（07TTT4②:1）　4. B 型 V 式（07TTT3②:3）　5. B 型 V 式
（07TTT3②:4）　6. C 型Ⅲ式（07TTT1②:9）　7. C 型Ⅲ式（07TTT1②:9）内壁纹饰展开图

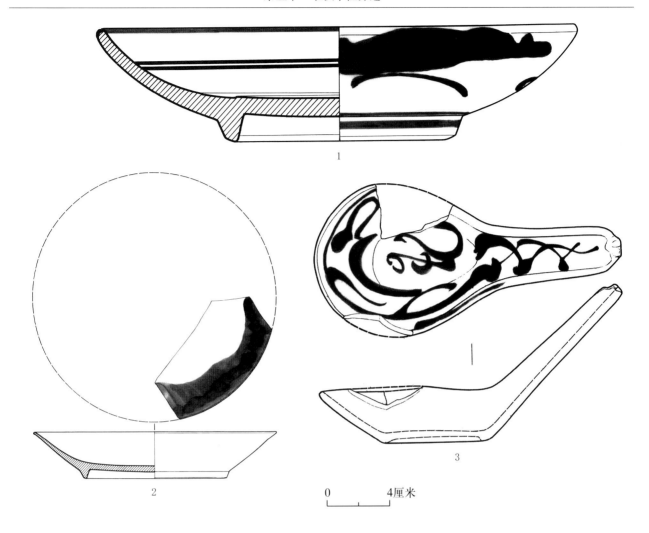

图一二　第②层出土景德镇窑系青花瓷器

1. A 型Ⅲ式盘（07TTT3②:6）　2. C 型Ⅱ式盘（07TTT2②:10）　3. 勺（07TTT2②:2）

状，底部中央压印一折枝花纹。通长9.7厘米（图一二，3）。

3. 釉陶器

有 A 型Ⅱ式罐、擂钵、器盖。

A 型Ⅱ式罐　1件。标本07TTT2②:1，灰色瓷胎，质地粗。直口，方圆唇，折沿，直颈，宽平肩，鼓腹，平底，圈足。肩部残存菊瓣状纹，施酱釉不及底，圈足露胎。口径3.4、腹径8.2、足径4.8、通高5.2厘米（图一三，1；彩版二二，1）。

擂钵　1件。标本07TTT4②:6，釉陶胎，褐红色。质地紧密，火候高。敛口尖圆唇，弧沿面，斜弧腹下收，平底似饼足。内壁施放射状竖道凹槽，外壁上部至口沿施青釉，露胎处有轮制时留下的凸棱。口沿处有使用后留下的磨损痕迹。此器视为研磨工具。口径14.5、底径6.3、高8.5厘米（图一三，2；彩版二三）。

器盖　1件。标本07TTT2②:8，泥质红陶，上大下小。平顶，斜壁下敞，敛口，方唇。盖壁有数周平行凸棱。口径25.6、顶径12.4、高10厘米（图一四，1；彩版二二，2）。

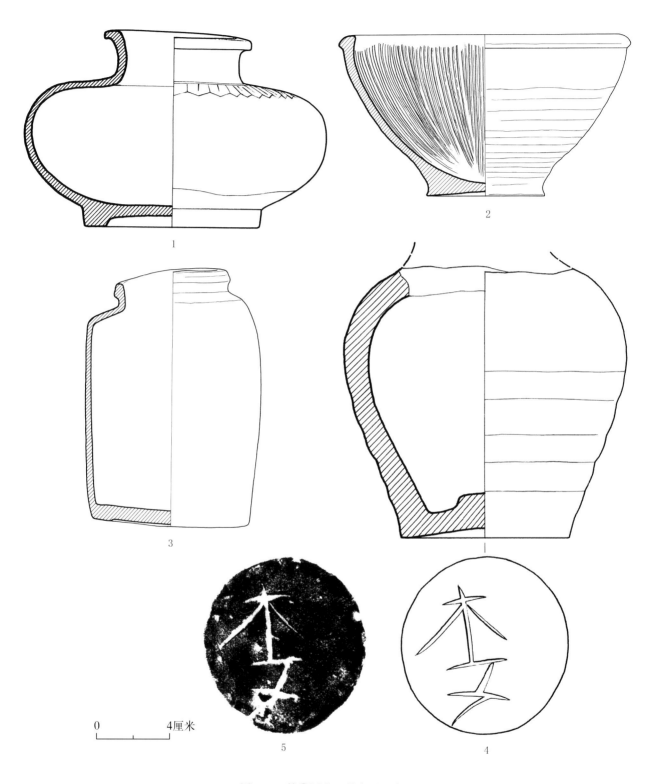

0　　　　4厘米

图一三　第②层出土釉陶器和陶器

1. A 型 Ⅱ式釉陶罐（07TTT2②：1）　　2. 釉陶擂钵（07TTT4②：6）　　3. 直腹陶罐（07TTT4②：5）

4. 残陶壶（07TTT2②：5）　　5. 残陶壶（07TTT2②：5）外底拓片

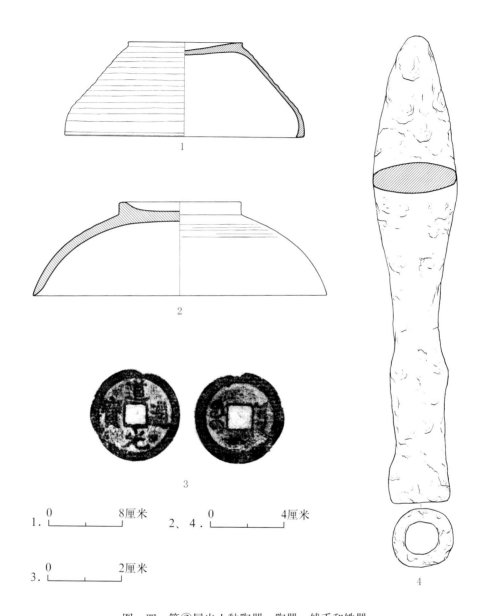

图一四　第②层出土釉陶器、陶器、钱币和铁器

1. 釉陶器盖（07TTT2②：8）　2. 陶器盖（07TTT1②：2）　3. 道光通宝（07TTT3②：1）拓片　4. 铁矛（07TTT1②：4）

4. 陶器

有直腹罐、残壶、器盖。

直腹罐　1 件。标本07TTT4②：5，泥质灰陶，圆唇，直口，折肩，直筒状腹，平底微内凹。罐口歪斜。口径6.1、腹径9.6、底径8.7、高13.5厘米（图一三，3；彩版二四，1）。

残壶　1 件。标本07TTT2②：5，泥质灰黑陶。肩部以上残，斜肩，鼓腹，平底。肩腹以下有数周轮制凸棱，底部有錾划的"李"字。底径4、残高7.2厘米（图一三，4、5）。

器盖　1件。标本07TTT1②：2，泥质红陶。环状盖纽，盖口尖唇，器表有轮制旋痕。口径15.9、纽径6.6、通高5厘米（图一四，2）。

5. 钱币

道光通宝　1枚。标本07TTT3②：1，圆形有郭，方穿，正面为楷体钱文，背满文纪局。道光元年铸。直径2.4、方穿边长0.6厘米（图一四，3）。

6. 铁器

铁矛　1件。标本07TTT1②：4，长骹，尖锋，锈蚀严重。长24.8厘米（图一四，4）。

二、文化层堆积单位第③层出土遗物

本层出土遗物包括地方窑土青花瓷器、景德镇窑系青花瓷器、釉陶器、陶器、石器和钱币（附表一〇～一七）。

1. 地方窑土青花瓷器

有Ab型Ⅰ式碗、C型Ⅳ式碗、A型Ⅱ式盘。

Ab型Ⅰ式碗　2件。标本07TTT1③：1，灰白瓷胎，质地细。收口，圆唇，弧腹下收，圈平底，圈足内外直墙，平足。内、外壁施釉，釉层薄，透明。口沿以青釉晕染。内壁饰弦纹，底部饰青釉环状圈套一"明"字。外壁以青釉料勾绘山形纹等。口径16.8、足径7.9、通高6.2厘米（图一五，1；彩版二五）。标本07TTT1③：15，质地、釉色同前。外壁饰山水、宝塔等纹饰，残（图一五，4）。

C型Ⅳ式碗　1件。标本07TTT2③：2，灰白瓷胎，质地粗，口微敞。尖圆唇，斜腹下收，圈平底，圈足内墙外撇。内、外壁施釉，玻璃质釉层薄。内壁口沿、底部各饰一、二周弦纹，内底中央疑以蝙蝠纹装饰，外壁饰树木、蕉叶等纹，外壁底部为鸡心底。釉料发色淡蓝泛深，玻璃质釉层透明。口径11.7、足径5.4、通高5.5厘米（图一五，2、3）。

A型Ⅱ式盘　1件。标本07TTT1③：3，灰色瓷胎，质地粗。收口，方圆唇，浅腹增深下收，平底，圈足。内、外壁施釉，釉层薄，透明。口沿以青釉晕染。内壁饰山形纹装饰。外壁以青釉料勾绘草叶纹等。釉料发色纯蓝。口径13.1、足径7.3、通高2.5厘米（图一五，5）。

2. 景德镇窑系青花瓷器

有Aa型Ⅰ式碗、Db型Ⅲ式碗、B型Ⅱ式盘、C型Ⅰ式盘。

Aa型Ⅰ式碗　1件。标本07TTT3③：1，白色瓷胎，胎质细密。斜直口，圆唇，唇沿外撇，斜腹下收，圈平底，圈足较矮。削足，内壁口沿处饰二周弦纹、腹壁饰八卦符号，外壁施豆青釉。口径10、足径4.3、通高4.7厘米（图一六，1、2）。

Db型Ⅲ式碗　1件。标本07TTT3③：8，白瓷胎。斜直口，圆唇外凸，斜弧腹下收，平底。直墙圈足，斜削尖足。施白釉，内壁錾刻有一"富"字。口径9.3、足径4.5、通高5.1厘米（图一六，3）。

B型Ⅱ式盘　1件。标本07TTT4③：1，白瓷胎。斜直口，方圆唇，斜沿外撇，浅斜腹，圈平底，斜直墙圈足。盘内壁底施二周弦纹，弦纹内饰花卉纹，沿面施青釉，釉色发蓝。口径10.7、足径5.5、通高2.4厘米（图一六，4）。

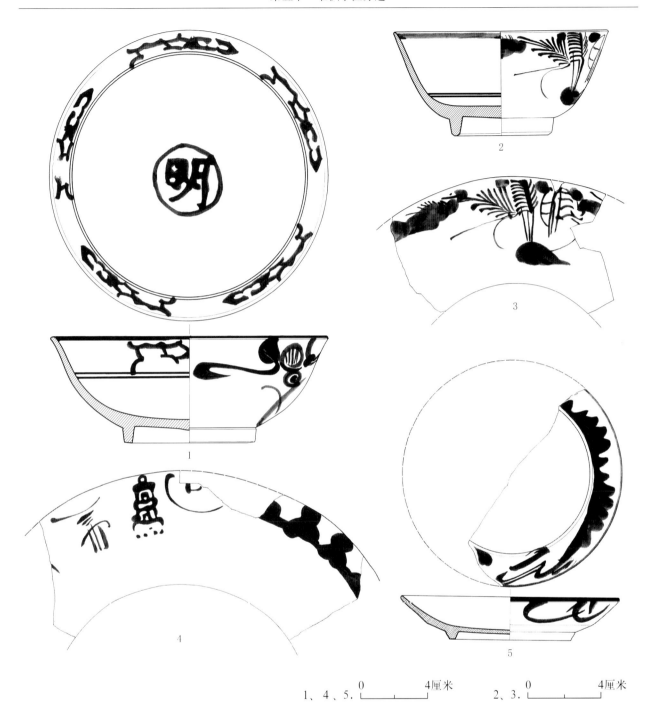

1、4、5. ⊢0━━━━4厘米

2、3. ⊢0━━━━4厘米

图一五　第③层出土地方窑土青花瓷器

1. Ab 型 I 式碗（07TTT1③:1）　　2. C 型 IV 式碗（07TTT2③:2）　　3. C 型 IV 式碗（07TTT2③:2）外壁纹饰展开图
4. Ab 型 I 式碗（07TTT1③:15）外壁纹饰展开图　5. A 型 II 式盘（07TTT1③:3）

C 型 I 式盘　2 件。07TTT4③:2，白瓷胎。敞口，圆唇，宽斜沿，浅斜腹，圈平底，圈足。盘内壁底施二周弦纹，弦纹内饰花卉纹，沿面饰青釉，釉色发蓝。足底施二周弦纹。口径 20.9、足径 11.9、通高 3.3 厘米（图一六，6）。07TTT3③:2，白色瓷胎，胎质细密。敞口，圆唇，浅腹，圈足。

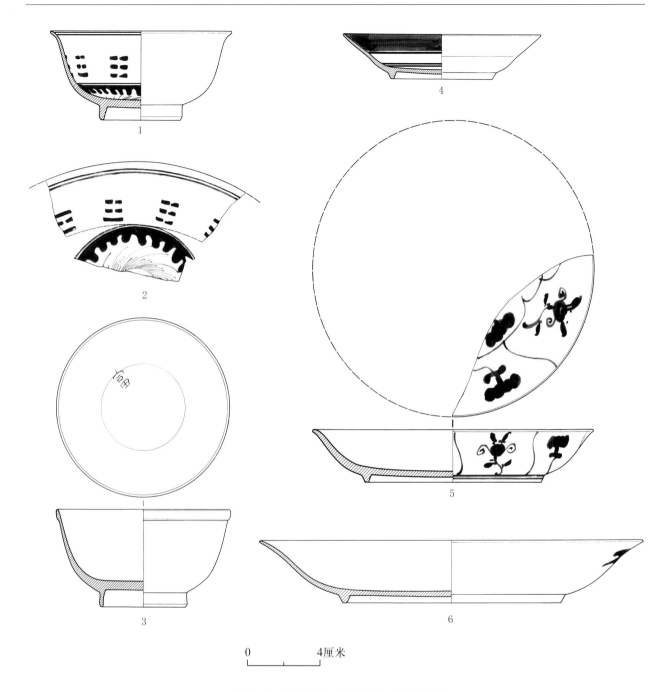

图一六　第③层出土景德镇窑系青花瓷器

1. Aa 型 I 式碗（07TTT3③:1）　2. Aa 型 I 式碗（07TTT3③:1）内壁纹饰展开图　3. Db 型 III 式碗（07TTT3③:8）
4. B 型 II 式盘（07TTT4③:1）　5. C 型 I 式盘（07TTT3③:2）　6. C 型 I 式盘（07TTT4③:2）

内、外壁饰灵芝花纹，灵芝花间以"S"弦线分隔。口径 15.1、足径 9.7、通高 2.7 厘米（图一六，5）。

3. 釉陶器

有 A 型 IV 式缸、B 型 III 式缸、B 型 IV 式缸、A 型 II 式罐、II 式坛、A 型灯盏。

A 型 IV 式缸　1 件。标本 07TTT2③:3，暗褐色釉陶胎。敛口，尖圆唇，直腹，残。饰青灰色釉。

口径 62.8 厘米（图一七，1）。

B 型Ⅲ式缸　2 件。标本 07TTT1③:5，暗褐色釉陶胎。敛口，尖圆唇，宽折沿，斜腹下收，残。饰酱褐色釉。口径 39 厘米（图一七，4）。标本 07TTT2③:5，质地、釉色同前述。下腹有轮制旋痕。口径 41、底径 15.6、高 21.2 厘米（图一七，3；彩版二六，1）。

B 型Ⅳ式缸　1 件。标本 07TTT2③:4，暗褐色釉陶胎。敛口，尖圆唇，沿内折并外凸，斜腹下收，残。饰酱褐色釉。口径 49.6 厘米（图一七，2）。

A 型Ⅱ式罐　1 件。标本 07TTT3③:5，褐红色釉陶胎。直口微敛，方唇，广肩，残。施青灰色釉泛黄。口径 6.7 厘米（图一七，7）。

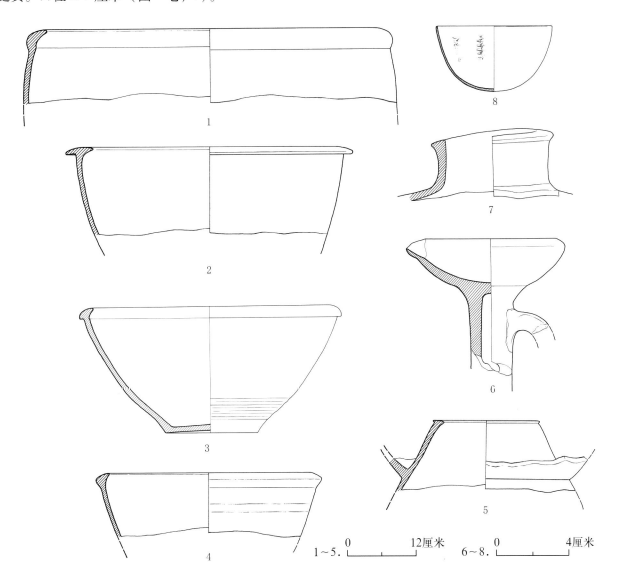

$$1\sim5.\ \boxed{\begin{array}{cc} 0 & \quad 12厘米 \end{array}} \qquad 6\sim8.\ \boxed{\begin{array}{cc} 0 & \quad 4厘米 \end{array}}$$

图一七　第③层出土釉陶器和陶器

1. A 型Ⅳ式釉陶缸（07TTT2③:3）　2. B 型Ⅳ式釉陶缸（07TTT2③:4）　3. B 型Ⅲ式釉陶缸（07TTT2③:5）

4. B 型Ⅲ式釉陶缸（07TTT1③:5）　5. Ⅱ式釉陶坛（07TTT1③:7）　6. A 型釉陶灯盏（07TTT2③:1）

7. A 型Ⅱ式釉陶罐（07TTT3③:5）　8. 陶杯（07TTT4③:3）

Ⅱ式坛　1件。标本07TTT1③：7，褐色釉陶胎。敛口，圆唇，宽平沿，有坛沿，鼓腹，残。施酱红色釉。口径17厘米（图一七，5；彩版二四，2）。

A型灯盏　1件。标本07TTT2③：1，灰黑釉陶胎，质地细密。杯盏形盛油池，敛口，尖唇，口有缺口状凹凸，是为灯芯伸放处。盛油池下有灯柱，灯柱附有柄状耳均残。器表施酱釉。口径7、残高7.2厘米（图一七，6）。

4. 陶器

有杯。

杯　1件。标本07TTT4③：3，泥质红陶，直口，方唇，斜腹，圜底。口径6.3、高3.5厘米（图一七，8；彩版二六，2）。

5. 钱币

乾隆通宝　1枚。标本07TTT3③：6，圆形有郭，方穿，正面为楷体钱文，背满文纪局。乾隆元年铸。直径2.5、方穿边长0.6厘米（图一八，1）。

嘉庆通宝　1枚。标本07TTT3③：7，圆形有郭，方穿，正面为楷体钱文，背满文纪局。嘉庆元年铸。直径2.5、方穿边长0.6厘米（图一八，2）。

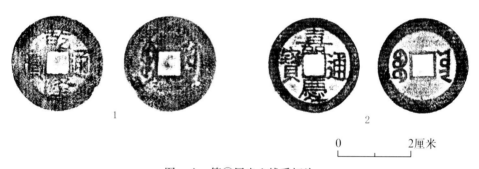

0 _____ 2厘米

图一八　第③层出土钱币拓片

1. 乾隆通宝（07TTT3③：6）　　2. 嘉庆通宝（07TTT3③：7）

三、文化层堆积单位第④层出土遗物

本层出土遗物包括地方窑土青花瓷器、景德镇窑系青花瓷器、釉陶器、陶器（附表一八～二五）。

1. 地方窑土青花瓷器

有 Ab 型Ⅰ式碗、Ac 型碗、B 型Ⅳ式碗、C 型Ⅳ式碗、D 型Ⅱ式碗、E 型Ⅱ式碗、E 型Ⅲ式碗、A 型Ⅰ式盘。

Ab 型Ⅰ式碗　2件。标本07TTT1④：6，灰白瓷胎，质地粗。收口，圆唇，斜腹下收，圜平底，圈足内外直墙。内、外壁施釉不及底，玻璃质釉层薄。内壁饰二周青釉弦纹，口沿绘以组状变形回形云纹装饰，外壁圈足饰一周弦纹，腹壁以青釉料勾绘亭阁状等花纹装饰。釉料发色深蓝泛黑。玻璃质釉层斑驳，隐约可见开片。口径18.6、足径8.1、通高5.7厘米（图一九，1、2）。标本07TTT1④：8，灰白瓷胎，质地粗。收口，圆唇，斜腹下收，圜平底，圈足内外直墙。内、外壁施釉不及底，玻璃质釉层薄。内壁口、底部中央以蓝釉勾绘云状纹，釉料有浸染状，内壁饰二周青釉弦纹，口沿绘以组状变形回纹装饰，外壁圈足饰二周弦纹，腹壁以青釉料勾绘草叶、圆点、圆圈纹等。釉料发色淡蓝泛黑。玻璃质釉层积釉处釉色泛青，隐约可见开片。口径18、足径7.8、通高6.2厘米（图一九，3、4；彩版二七，1）。

Ac型碗　1件。标本07TTT1④：7，灰白瓷胎，质地粗。斜直口，圆唇，斜腹下收，圜平底，圈足内墙外撇，平足。内、外壁施釉不及底，玻璃质釉层薄。内壁口沿饰二周青釉弦纹间以釉料晕染，近底部饰一周弦纹，外壁以青釉料勾绘草卉纹，草卉纹之间以斜宽带、弦纹间隔，釉料发色浅淡，淡蓝中泛黄。玻璃质釉层隐约开片，碗腹壁下部粗糙，有轮制拉坯时留下的凹弦线。口径15.8、足径8.2、通高5.9厘米（图一九，5；彩版二七，2）。

B型Ⅳ式碗　1件。标本07TTT3④：18，灰白瓷胎。直口微敞，方尖唇，斜弧腹，斜平圈足。碗外壁底部乳突明显。内、外壁施玻璃质釉，釉不及底，露胎，釉层薄。内壁饰二周弦纹，外壁带状团花纹，釉色浅蓝，积釉处泛靛青。口径16、足径7.7、通高6.2厘米（图一九，9）。

C型Ⅳ式碗　2件。标本07TTT3④：2，灰白瓷胎。直口微敞，尖圆唇，浅弧腹，平底，圈足内墙外撇，外壁为鸡心底。内、外壁施玻璃质釉，釉不及底，露胎，釉层薄。内、外壁口沿残存缠枝纹，釉色浅蓝，积釉处泛靛青。口径9.8、足径4.5、通高4.7厘米（图一九，10）。标本07TTT4④：1，灰白瓷胎，质地粗，圆唇，敞口，斜腹下收，圜平底，圈足。内壁口沿、底各施一周青釉弦纹，外壁饰折枝菊花纹。釉料泛黑色。口径12.2、足径6.5、通高5.6厘米（图一九，7、8；彩版二八，1）。

D型Ⅱ式碗　1件。标本07TTT3④：9，灰白瓷胎，质地粗。口微敞，圆唇，折腹下收，平底，圈足内墙外斜，平足。内、外壁施玻璃质釉，透明，有开片，釉不及底，露胎。外壁饰以青釉缠枝纹，釉料浅酱黄，圈足有跳刀痕。口径15.7、足径6.9、通高7.6厘米（图一九，11；彩版二八，2）。

E型Ⅱ式碗　1件。标本07TTT1④：9，灰白瓷胎，质地粗。敞口，尖圆唇，斜腹下收，圜平底，近直墙圈足。碗外壁底部有乳突。内、外壁施釉，不及底，玻璃质釉层薄。内壁口沿、近底部各饰一周青釉弦纹，外壁饰朵状菊花纹。釉料发色淡蓝，淡蓝中泛酱黄。口径13.4、足径6.6、通高4.8厘米（图一九，6；彩版三一，1）。

E型Ⅲ式碗　1件。标本07TTT2④：5，灰白瓷胎，质地粗有夹层。敞口，尖唇，斜腹下收，圜平底，圈足内斜墙外直墙。内、外壁施灰白釉，釉层薄。内壁、口沿、底部各饰一周青釉弦纹，外壁饰一周不连续弦纹和组状纹饰，釉料发色深蓝泛酱黄。玻璃质釉层斑驳，隐约可见开片。口径12、足径6.4、通高4.1厘米（图二〇，1、2）。

A型Ⅰ式盘　1件。标本07TTT1④：10，灰白瓷胎，质地粗。收口，尖唇，浅腹下收，平底，圈足。盘内、外壁施釉，不及底，玻璃质釉层薄。内壁、口沿饰一周青釉弦纹和草叶纹，外壁近口沿处饰弦纹和缠枝草叶纹。釉料发色淡蓝，淡蓝中泛酱黄。口径15.2、足径8.2、通高3.1厘米（图二〇，3）。

2. 景德镇窑系青花瓷器

有Ab型Ⅲ式碗、E型碗、A型Ⅱ式盘、B型Ⅱ式盘、C型Ⅰ式盘、B型Ⅲ式酒杯、B型Ⅳ式酒杯、勺。

Ab型Ⅲ式碗　1件。标本07TTT4④：5，白瓷胎，质地细密。敞口，方圆唇，斜沿外撇，斜腹下

图一九　第④层出土地方窑土青花瓷碗

1. Ab 型 Ⅰ 式 （07TTT1④:6）　　2. Ab 型 Ⅰ 式 （07TTT1④:6） 外壁纹饰展开图　3. Ab 型 Ⅰ 式 （07TTT1④:8）　4. Ab 型 Ⅰ 式 （07TTT1④:8）
外壁纹饰展开图　5. Ac 型 （07TTT1④:7）　6. E 型 Ⅱ 式 （07TTT1④:9）　7. C 型 Ⅳ 式 （07TTT4④:1）　8. C 型 Ⅳ 式 （07TTT4④:1） 外壁
纹饰展开图　9. B 型 Ⅳ 式 （07TTT3④:18）　10. C 型 Ⅳ 式 （07TTT3④:2）　11. D 型 Ⅱ 式 （07TTT3④:9）

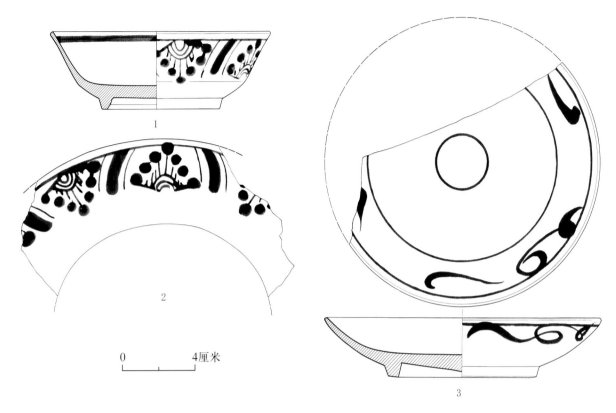

图二〇　第④层出土地方窑土青花瓷器

1. E 型Ⅲ式碗（07TTT2④:5）　2. E 型Ⅲ式碗（07TTT2④:5）外壁纹饰展开图　3. A 型Ⅰ式盘（07TTT1④:10）

收，圈平底，圈足较高，直墙斜削，斜尖足。内壁沿面施青釉纹饰，底施二周弦纹，弦纹内饰草卉纹，外壁饰青釉山水纹，圈足底部饰二弦纹，中央有一方形底款。釉色蓝泛黑。口径17.8、足径7.4、通高8.6厘米（图二一，1）。

　　E 型碗　1件。标本07TTT4④:3，白瓷胎，质地细密。斜直口，圆唇，微敞。折腹下收，圈平底，圈足。内壁口沿、近底部各施二周青釉弦纹，沿面饰青釉力字锦纹，底部中央有"用"字套双方框，方框四角饰青釉草虫纹样，外壁沿面饰青釉锦纹和结带等，折腹处饰扁圆双圈链状纹，釉料蓝色泛黑。口径17.5、足径6.8、通高7.8厘米（图二一，2；彩版二九）。

　　A 型Ⅱ式盘　1件。标本07TTT3④:1，灰白瓷胎。收口，方圆唇，弧腹壁，浅腹，平底，直墙圈足。盘内、外以青釉绘过墙龙纹间以朵云，圈足底饰二周弦纹。通体施白釉。圈足为铁足。口径15.8、足径10.5、通高3.9厘米（图二一，4）。

　　B 型Ⅱ式盘　1件。标本07TTT3④:7，白瓷胎。斜直口，方圆唇，斜折沿，浅腹，平底，直墙圈足。盘内壁以青釉绘海水状波浪与龙纹，外壁斜沿饰竹叶纹。口径16、足径8.9、通高2.9厘米（图二一，5）。

　　C 型Ⅰ式盘　2件。标本07TTT2④:4，白瓷胎，质地细密。敞口，圆唇，斜沿，浅腹，圈足。盘内壁底饰卷云纹和草叶纹，并錾刻一"圣"字，内壁口沿饰一周弦纹，下腹饰二周弦纹。釉料发色泛蓝。口径12.7、足径7.4、通高2.3厘米（图二一，3）。

图二一　第④层出土景德镇窑系青花瓷器

1. Ab 型Ⅲ式碗（07TTT4④∶5）　　2. E 型碗（07TTT4④∶3）　　3. C 型Ⅰ式盘（07TTT2④∶4）

4. A 型Ⅱ式盘（07TTT3④∶1）　　5. B 型Ⅱ式盘（07TTT3④∶7）

A 型Ⅳ式酒杯　1 件。标本 07TTT4④:2，白瓷胎，质地细密。收口，方圆唇，斜弧腹下收，圜平底，圈足。外壁饰青釉缠枝花卉纹，青釉发色深蓝。口径 6.8、足径 2.8、通高 3.8 厘米（图二二，1、2）。

B 型Ⅲ式酒杯　3 件。标本 07TTT1④:1，灰白瓷胎，质地粗。敞口，尖圆唇，斜腹下收，圜平底，圈足。内、外壁施釉不及底，玻璃质釉层薄。口径 7.5、足径 3.6、通高 3.1 厘米（图二二，3）。标本 07TTT1④:11，灰白瓷胎，质地粗。敞口，尖圆唇，斜腹下收，圜平底，圈足。内、外壁施釉不及底，玻璃质釉层薄。内壁有铁锈斑点。口径 6、足径 2.8、通高 2.7 厘米（图二二，4）。标本 07TTT2④:3，白瓷胎，质地细密。敞口，尖圆唇，斜腹下收，圜平底，圈足。内、外壁施釉，内壁腹中部以线纹分隔，上部至唇沿处饰以折枝果草卉纹，并以斜"S"线间隔，底部中央以四层青釉圆圈状装饰。外壁饰折枝果、草卉纹。圈足底有青釉底款。釉料发色青蓝。口径 5.7、足径 2.8、通高 3.1 厘米（图二二，7）。

B 型Ⅳ式酒杯　2 件。标本 07TTT1④:2，灰白瓷胎，质地粗。敞口，方尖唇，浅斜腹下收，圜平底，圈足。内、外壁施釉不及底，玻璃质釉层薄。唇沿和外壁以青釉点彩装饰，釉料发色纯蓝。口径 5.2、足径 2.8、通高 2.6 厘米（图二二，5；彩版三〇）。标本 07TTT1④:3，灰白瓷胎，质地粗。敞口，方尖唇，浅斜腹下收，圜平底，圈足。内、外壁施釉不及底，玻璃质釉层薄。口径 4.5、足径 2.5、通高 2.2 厘米（图二二，6）。

勺　2 件。标本 07TTT3④:6，白瓷胎。器内壁饰缠枝纹（图二二，8）。标本 07TTT3④:5，质地、釉色同前述，纹饰略有区别（图二二，9）。

3. 釉陶器

有 A 型Ⅲ式缸、B 型Ⅲ式缸、B 型Ⅳ式缸、A 型Ⅲ式壶、C 型壶、B 型灯盏、A 型Ⅲ式罐、A 型Ⅳ式罐、残罐底、碟、品酒杯。

A 型Ⅲ式缸　2 件。标本 07TTT3④:13，橙红色釉陶胎。敛口，圆叠唇，唇沿宽厚，平沿，斜腹，残。施青灰釉。口径 49 厘米（图二三，1）。标本 07TTT3④:14，胎质、釉色同前。残。口径 47.2 厘米（图二三，2）。

B 型Ⅲ式缸　1 件。标本 07TTT3④:20，褐色釉陶胎。敛口，尖圆唇，宽折沿内折外凸，斜腹壁，残。施酱红色釉。口径 45.2 厘米（图二三，3）。

B 型Ⅳ式缸　1 件。标本 07TTT3④:15，暗褐色釉陶胎。敛口，尖唇，宽折沿内折外凸明显，斜腹壁，残。施暗褐色釉。口径 48.8 厘米（图二三，4）。

A 型Ⅲ式壶　1 件。标本 07TTT3④:10，橙红色釉陶胎。杯形口微敛，方圆唇，口部带流，直领，溜肩，鼓腹，平底。肩腹处有錾耳。器表施酱釉不及底，下腹至底露胎。直领中部饰一凹弦纹，腹壁有轮制数周凸棱。口径 5、残高 5.4 厘米（图二三，5）。

C 型壶　1 件。标本 07TTT2④:8，暗红色釉陶胎，质地细密。直口，圆唇，唇口处有外凸的嘴状流，直颈，溜肩，鼓腹，平底。肩腹处有单把耳。器表施酱黄釉，釉色泛灰白。釉不及底，露胎。颈部、腹部各有数周凸弦棱。口径 6.1、腹径 10.3、底径 6.6、高 12.1 厘米（图二三，6；彩版三二，1）。

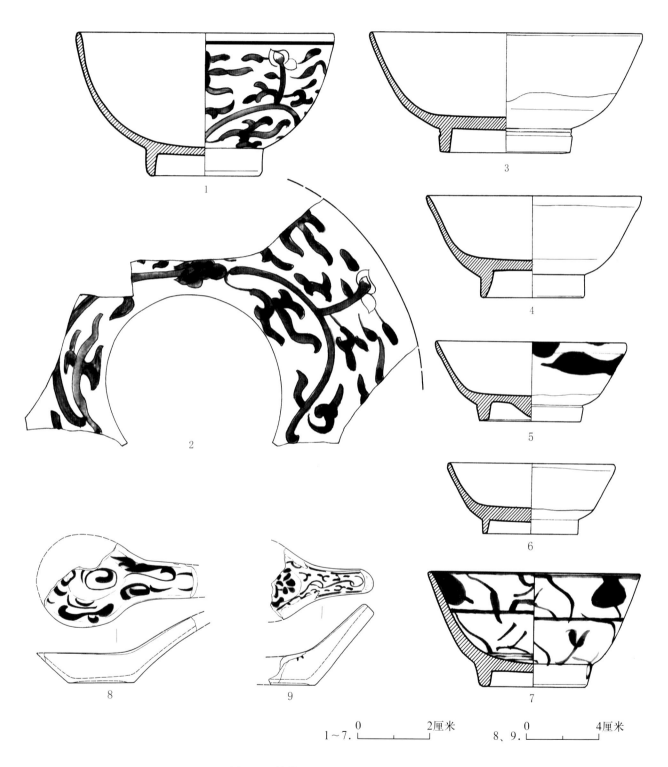

图二二　第④层出土景德镇窑系青花瓷器

1. A 型Ⅳ式酒杯（07TTT4④:2）　2. A 型Ⅳ式酒杯（07TTT4④:2）外壁纹饰展开图　3. B 型Ⅲ式酒杯（07TTT1④:1）

4. B 型Ⅲ式酒杯（07TTT1④:11）　5. B 型Ⅳ式酒杯（07TTT1④:2）　6. B 型Ⅳ式酒杯（07TTT1④:3）

7. B 型Ⅲ式酒杯（07TTT2④:3）　8. 勺（07TTT3④:6）　9. 勺（07TTT3④:5）

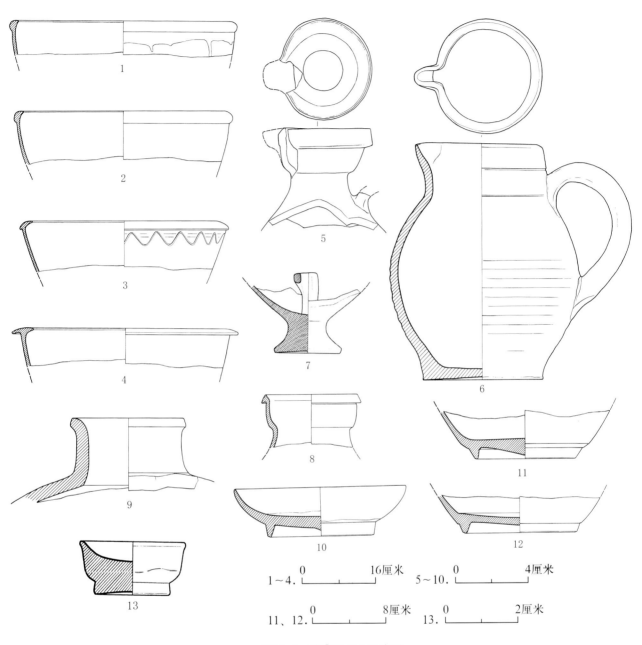

图二三　第④层出土釉陶器

1. A 型Ⅲ式缸（07TTT3④:13）　　2. A 型Ⅲ式缸（07TTT3④:14）　　3. B 型Ⅲ式缸（07TTT3④:20）　　4. B 型Ⅳ式缸（07TTT3④:15）

5. A 型Ⅲ式壶（07TTT3④:10）　　6. C 型壶（07TTT2④:8）　　7. B 型灯盏（07TTT1④:12）　　8. A 型Ⅳ式罐（07TTT2④:11）

9. A 型Ⅲ式罐（07TTT3④:12）　　10. 碟（07TTT3④:16）　　11. 残罐底（07TTT3④:22）　　12. 残罐底（07TTT3④:21）

13. 品酒杯（07TTT2④:1）

　　B 型灯盏　1 件，标本07TTT1④:12，黄白瓷胎，质地细密，盏沿残，正中有一圆柱，圆柱中有孔，柱边挖削部分使柱孔与沿池相通，沿池下是一柄状灯盏座。器表施酱黄釉不及灯盏座。柱孔0.3、灯座径3.5、通高4.2厘米（图二三，7；彩版三二，2）。

A 型Ⅲ式罐　1件。标本07TTT3④:12，暗褐色釉陶胎，胎质细密坚硬。小口微侈，直颈，广肩，残。器表施酱黄釉。口径6厘米（图二三，9）。

A 型Ⅳ式罐　1件。标本07TTT2④:11，灰褐色釉陶胎。小口，方唇，广肩，残。施暗褐色釉。口径5.7厘米（图二三，8）。

残罐底　2件。标本07TTT3④:21，灰白色釉陶胎。平底，底有乳突，外斜削、内直墙圈足，斜平足。施酱红色釉（图二三，12）。标本07TTT3④:22，灰白色釉陶胎。塌底，斜墙圈足。施酱红色釉（图二三，11）。

碟　1件。标本07TTT3④:16，灰白色釉陶胎。尖唇，浅弧腹，平底。施黑釉。口径9.2、足径5.6、通高2.6厘米（图二三，10）。

品酒杯　1件。标本07TTT2④:1，黄白瓷胎，质地细密。方圆唇，唇沿外撇，杯池浅凹，杯底为饼足，平底，底厚。内、外壁施翠绿色釉，不及底，外壁下腹至底施黄泛红色化妆土。口径2.8、足径2、高1.4厘米（图二三，13；彩版三一，2）。此杯器形很小，杯池及浅，不是日常用的饮酒器具，是为酿酒师调配、勾兑、品尝用酒杯的可能性大。

4. 陶器

有Ⅰ式壶、Ⅱ式壶、灯盏。

Ⅰ式壶　1件。标本07TTT2④:10，杯形口，带流嘴，束颈，腹微鼓，平底。下腹有轮制弦纹。口径4.3、腹径5.7、底径3.7、残高9.7厘米（图二四，1）。

Ⅱ式壶　1件。标本07TTT3④:11，泥质灰褐陶。侈口，尖唇，口带流，残（图二四，2）。

灯盏　1件。标本07TTT2④:6，泥质灰陶。盘状底，圆柱形灯柱，柱上部有一耳，盛油灯盏残。底径13、残高19厘米（图二四，3；彩版三三，1）。

5. 钱币

崇祯通宝　1枚。标本07TTT4④:16，圆形有郭，方穿，楷体钱文。天启七年铸。直径2.4、方穿边长0.7厘米（图二四，4）。

康熙通宝　1枚。标本07TTT2④:12，圆形有郭，方穿，正面为楷体钱文，背有满文。康熙元年铸。直径2.2、方穿边长0.6厘米（图二四，5）。

乾隆通宝　3枚。标本07TTT2④:13，圆形有郭，方穿，正面为楷体钱文，背满文纪局。乾隆元年铸。直径2.4、方穿边长0.6厘米（图二四，6）。标本07TTT4④:17、07TTT1④:13二枚同前（图二四，7、8）。

四、文化层堆积单位第⑤层出土遗物

本层出土遗物包括地方窑土青花瓷器、景德镇窑系青花瓷器、釉陶器、陶器、石器和钱币（附表二六～三三）。

1. 地方窑土青花瓷器

有 Ab 型Ⅰ式碗、B 型Ⅲ式碗、B 型Ⅳ式碗、C 型Ⅳ式碗、D 型Ⅰ式碗、E 型Ⅰ式碗、E 型Ⅱ式碗、E 型Ⅲ式碗、A 型Ⅰ式盘、A 型Ⅱ式盘。

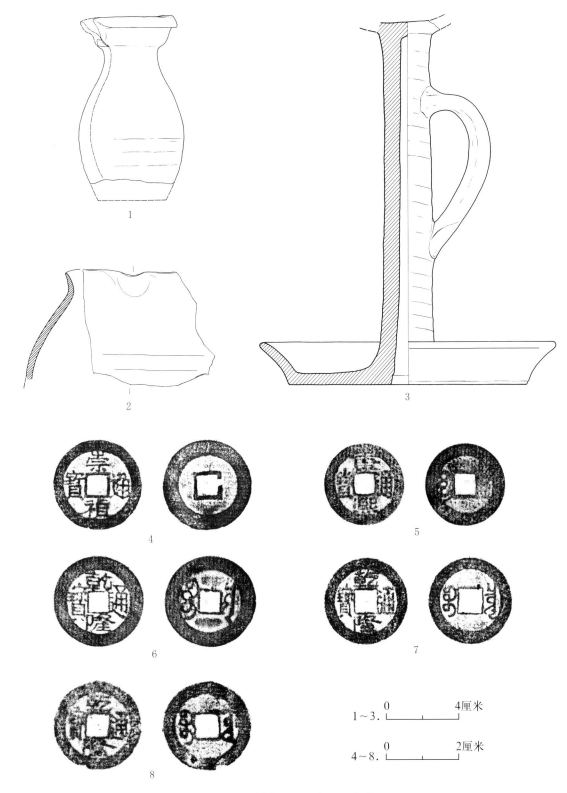

图二四　第④层出土陶器和钱币

1. Ⅰ式陶壶（07TTT2④:10）　　2. Ⅱ式陶壶（07TTT3④:11）　　3. 陶灯盏（07TTT2④:6）　　4. 崇祯通宝（07TTT4④:16）拓片　5. 康熙通
宝（07TTT2④:12）拓片　6. 乾隆通宝（07TTT2④:13）拓片　7. 乾隆通宝（07TTT4④:17）拓片　8. 乾隆通宝（07TTT1④:13）拓片

Ab 型 I 式碗 1 件。标本 07TTT1⑤:20，灰色瓷胎，质地粗。收口，圆唇，浅斜腹下收，圜平底，圈足内外直墙，平足。内、外壁施釉，玻璃质釉层薄。内壁施釉不及底，口沿处饰一周变形几何纹，外壁饰山水、渔船、牌楼等纹饰。釉料发色浅淡。玻璃质釉层透明，隐约可见开片。口径 19、足径 8.8、通高 7 厘米（图二五，1~4）。

B 型 III 式碗 1 件。标本 07TTT2⑤:13，灰白瓷胎，质地粗，有夹缝。敞口，方圆唇，斜弧腹，下腹壁无折棱，圜平底，圈足。内、外壁施釉，玻璃质釉层薄。外壁饰叶状纹。釉料发色淡蓝泛酱黄。玻璃质釉层透明。碗外壁底有鸡心。口径 15.2、足径 7.7、通高 4.7 厘米（图二六，1；彩版三三，2）。

B 型 IV 式碗 1 件。标本 07TTT2⑤:9，灰色瓷胎，质地粗。敞口，方尖唇，腹下收，平底，外直内斜墙圈足，斜平足。碗外壁底部乳突明显。内、外壁施釉，玻璃质釉层薄。内壁口沿、近底各饰二周弦纹、外壁缠枝纹等，釉料发色淡蓝泛黑，玻璃质釉层透明。口径 15、足径 6.6、通高 5.6 厘米（图二六，5）。

C 型 IV 式碗 1 件。标本 07TTT3⑤:4，灰黄色瓷胎，质地粗。敞口，尖圆唇，斜腹下收，平底，圈足内墙外撇。碗外壁底部有鸡心。内、外壁施釉，积釉处泛青，釉不及底，露胎。外壁口沿饰二周弦纹，腹壁以青釉缠枝草卉纹、点彩装饰，釉料发色淡靛青泛酱黄，玻璃质釉层透明。口径 13、足径 7、通高 6 厘米（图二六，2；彩版三四，1）。

D 型 I 式碗 1 件。标本 07TTT3⑤:3，灰白瓷胎，质地粗。口微敞，方圆唇，折腹下收，平底，阶梯状直斜墙圈足，平足。内、外壁施釉，不及底，露胎。外壁饰以青釉朵花纹，釉料浅酱黄，圈足有跳刀痕，底有乳突。玻璃质釉层透明，有开片，口径 15.5、足径 5、通高 6.9 厘米（图二六，3、4；彩版三四，2）。

E 型 I 式碗 1 件。标本 07TTT1⑤:12，灰色瓷胎，质地粗。敞口，方尖唇，浅斜腹下收，圜平底，斜墙圈足，平足。内、外壁施釉，玻璃质釉层薄。内壁施釉不及底，外壁腹壁以青釉料绘写变形"寿"纹装饰。釉料发色浅淡，玻璃质釉层透明，隐约可见开片。口径 11.7、足径 5.3、通高 4.5 厘米（图二六，6）。

E 型 II 式碗 1 件。标本 07TTT1⑤:7，灰色瓷胎，质地粗。敞口，尖圆唇，斜腹下收，圜平底，近直墙圈足。内、外壁施釉，玻璃质釉层薄。内壁施釉不及底，内壁口沿、近底处各饰一周弦纹，外壁饰一周"寿"字纹，足底有一乳突。釉料发色浅淡泛黄，玻璃质釉层透明。口径 13.8、足径 6.8、通高 4.7 厘米（图二六，7）。

E 型 III 式碗 1 件。标本 07TTT1⑤:6，灰色瓷胎，质地粗。敞口，尖唇，斜弧腹下收，圜平底，圈足为内斜墙外直墙。内、外壁施釉，玻璃质釉层薄。内壁施釉不及底，口沿饰一周弦纹，外壁饰一周"III"型纹，足底有一乳突。釉料发色浅淡泛黄。玻璃质釉层透明斑驳。口径 13、足径 6.5、通高 4.6 厘米（图二六，8）。

A 型 I 式盘 1 件。标本 07TTT2⑤:6，灰白瓷胎，质地粗。收口，方唇，浅腹，平底，圈足。内、外壁施釉，玻璃质釉层透明，积釉处泛青。内、外壁饰以青釉弦纹和折枝草叶纹，釉料浅靛青泛酱黄，圈足底有乳突。口径 13.4、足径 7.4、通高 2.8 厘米（图二七，1）。

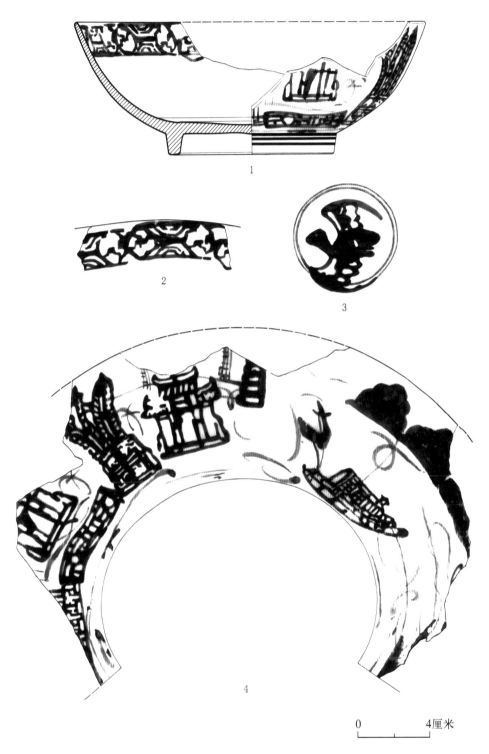

图二五 第⑤层出土地方窑 Ab 型 I 式土青花瓷碗

1. 07TTT1⑤:20 2. 07TTT1⑤:20 内沿图案 3. 07TTT1⑤:20 碗心图案 4. 07TTT1⑤:20 外壁纹饰展开图

A 型 II 式盘 1 件。标本 07TTT1⑤:9，灰黄色瓷胎，质地粗。收口，方圆唇，浅弧腹下收，腹部增深，圜底，圈足为外墙斜削、内墙外撇，平足。内、外壁施釉，不及底，玻璃质釉层薄。内壁饰二

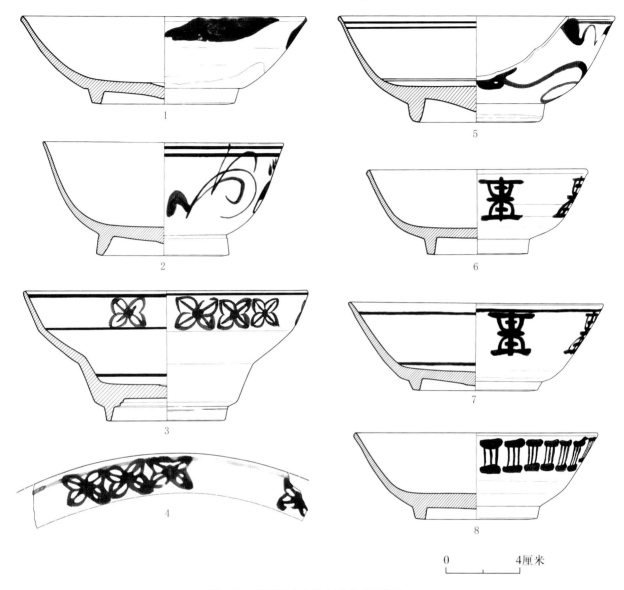

图二六　第⑤层出土地方窑土青花瓷碗

1. B 型Ⅲ式（07TTT2⑤：13）　　2. C 型Ⅳ式（07TTT3⑤：4）　　3. D 型Ⅰ式（07TTT3⑤：3）　　4. D 型Ⅰ式（07TTT3⑤：3）外壁纹饰展开图
5. B 型Ⅳ式（07TTT2⑤：9）　　6. E 型Ⅰ式（07TTT1⑤：12）　　7. E 型Ⅱ式（07TTT1⑤：7）　　8. E 型Ⅲ式（07TTT1⑤：6）

周弦纹中间以连续圈状纹装饰。釉料发色浅淡。玻璃质釉层透明泛青，隐约可见开片。口径 22.2、足径 12.5、通高 4.4 厘米（图二七，2）。

　　2. 景德镇窑系青花瓷器

　　有 Aa 型Ⅲ式碗、Ab 型Ⅰ式碗、Ab 型Ⅱ式碗、B 型Ⅱ式碗、B 型Ⅲ式碗、C 型碗、Da 型Ⅰ式碗、Da 型Ⅱ式碗、Da 型Ⅲ式碗、Db 型Ⅱ式碗、A 型Ⅰ式盘、B 型Ⅱ式盘、A 型Ⅲ式酒杯、B 型Ⅲ式酒杯、C 型Ⅱ式酒杯、壶、勺。

　　Aa 型Ⅲ式碗　1 件。标本 07TTT1⑤：23，灰白瓷胎，质地细密。敞口，方尖唇，斜腹下收，圈平底，底部乳突不明显。环镯状斜削圈足。内、外壁施釉，玻璃质釉层薄，可见细碎的小开片。外腹壁

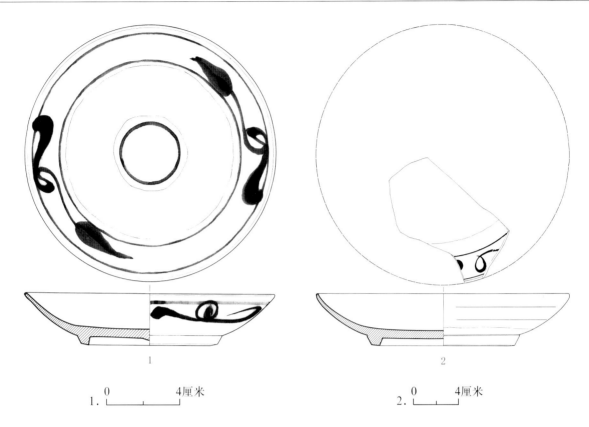

图二七 第⑤层出土地方窑土青花瓷盘
1. A 型 I 式（07TTT2⑤：6） 2. A 型 II 式（07TTT1⑤：9）

饰凤鸟斜线纹和三周弦纹。釉料发色蓝中泛酱黄。口径 12.2、足径 5.5、通高 5.7 厘米（图二八，1、2；彩版三五，1）。

Ab 型 I 式碗 1 件。标本 07TTT1⑤：8，白瓷胎，质地细密。敞口，圆唇，唇沿外撇，斜腹下收，圜底，圈足。内壁饰青釉齿状纹，底部有点彩等纹饰。外壁残存凤纹、点彩等纹饰。釉料发色靛蓝。圈足粘沙。口径 17.5、足径 7.2、通高 8.4 厘米（图二八，3；彩版三五，2）。

Ab 型 II 式碗 1 件。标本 07TTT4⑤：6，白瓷胎，质地细密。敞口，尖圆唇，唇沿外撇，斜腹下收，圜平底，外直内斜墙圈足，圈足较高，粘沙。内壁口沿处饰一周莲状花瓣纹，底部有点彩等纹饰。外壁饰点彩、折枝花卉纹。釉料发色靛蓝。口径 17.2、足径 7.6、通高 8.1 厘米（图二八，4～6；彩版三六，1）。

B 型 II 式碗 1 件。标本 07TTT2⑤：1，白瓷胎，质地细密。斜直口，方尖唇，圆弧腹下收，圜平底，圈足，削足。内、外壁施釉。内壁唇沿、近底处各饰二周弦纹，底部点彩。外壁上部饰二周弦纹，腹壁以鱼纹、点彩装饰。釉料发色淡靛青泛黑。圈足有缩釉现象，底圈足遍呈红石红泛黄色。口径 8.5、足径 3.8、通高 4.8 厘米（图二八，7；彩版三七）。

B 型 III 式碗 3 件。标本 07TTT4⑤：1，白瓷胎，质地细密。斜直口，尖唇，圆弧腹下收，圜底，圈足，削足。内壁唇沿、近底处各饰二周青釉弦纹，底部点彩。外腹壁饰青釉鱼纹水草和点彩，青釉发色淡蓝中泛深。圈足削足，底边酱黄泛红色。口径 10.9、足径 5.2、通高 6.5 厘米（图二九，1、

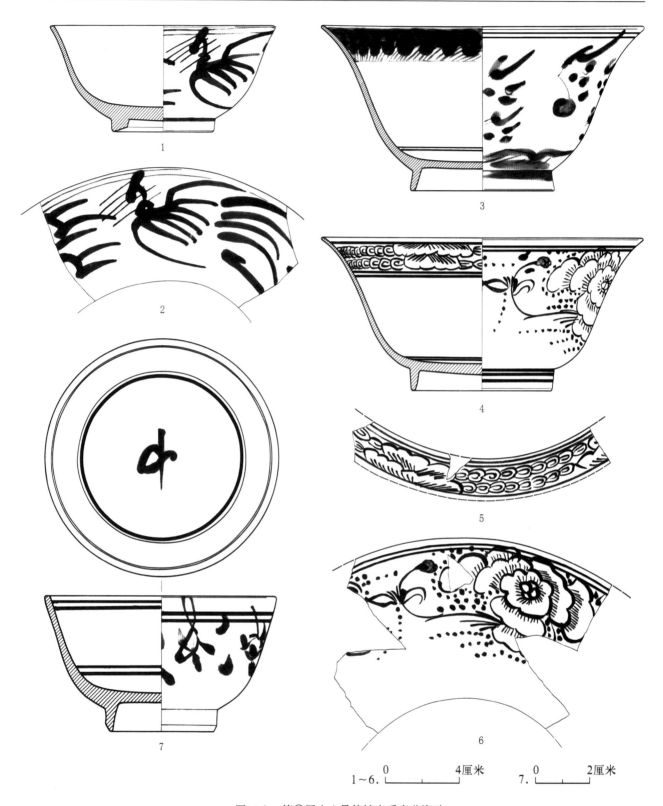

图二八　第⑤层出土景德镇窑系青花瓷碗

1. Aa 型Ⅲ式（07TTT1⑤：23）　2. Aa 型Ⅲ式（07TTT1⑤：23）外壁纹饰展形图　3. Ab 型Ⅰ式（07TTT1⑤：8）　4. Ab 型Ⅱ式（07TTT4⑤：6）　5. Ab 型Ⅱ式（07TTT4⑤：6）内壁纹饰展开图　6. Ab 型Ⅱ式（07TTT4⑤：6）外壁纹饰展开图　7. B 型Ⅱ式（07TTT2⑤：1）

2；彩版三八）。标本07TTT3⑤：2，白色瓷胎，胎质细密。斜直口，尖圆唇，唇沿，斜腹下收，圈平底，内墙外撇、尖圆状圈足。内壁口沿近底处饰二周弦纹，底部有青釉饰暗彩。外壁口沿饰二周弦纹，腹壁以草叶纹装饰。圈足底露胎，胎色黄泛红，削足足底边呈酱黄色。口径10.5、足径4.8、通高5.9厘米（图二九，3；彩版三六，2）。标本07TTT3⑤：7，白瓷胎，质地细密。斜直口，尖圆唇，斜腹下收，圜底，外墙斜削、内墙外撇圈足。内壁唇沿、近底处各饰二周青釉弦纹，底部点彩。外腹壁饰青釉草叶和点彩纹。青釉发色淡蓝中泛深。圈足削足底边酱黄泛红色。口径9.8、足径4.1、通高5.8厘米（图二九，4）。

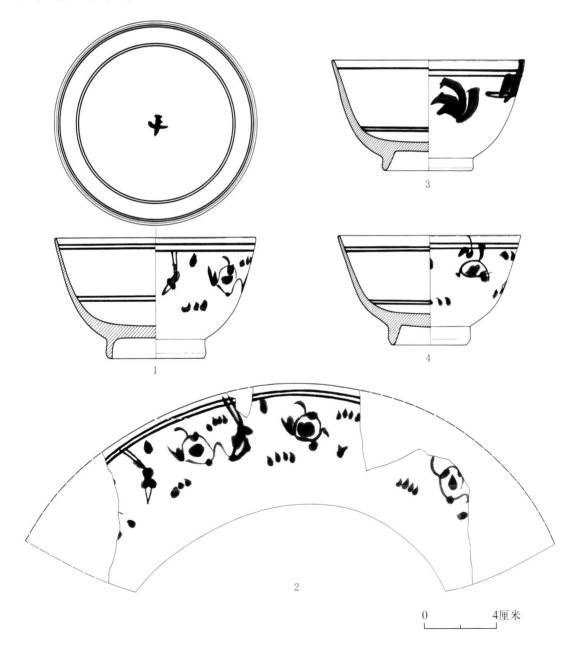

图二九　第⑤层出土景德镇窑系 B 型Ⅲ式青花瓷碗

1. 07TTT4⑤：1　2. 07TTT4⑤：1 外壁纹饰展开图　3. 07TTT3⑤：2　4. 07TTT3⑤：7

C 型碗　1 件。标本 07TTT4⑤：4，白瓷胎，质地细密。敞口，折沿，圆唇，斜弧腹下收，圜底，圈足。内壁唇沿处饰青釉弦纹，弦纹间以花瓣和两周链形椭圆状纹装饰，近底处饰二周青釉弦纹，底壁中央残存点彩。外壁口沿、圈足饰弦纹，腹壁处饰青釉缠枝莲花间以点状纹，圈足底饰二周弦纹，中央残存花卉纹底款。青釉发色蓝中泛黑。口径 14.8、足径 5.7、通高 5.5 厘米（图三〇，1、2；彩版三九）。

Da 型 I 式碗　1 件。标本 07TTT4⑤：10，白瓷胎，质地细密。斜直口，尖圆唇，浅弧腹下收，圜底，外墙内敛、里墙外撇圈足，尖平足。内壁唇沿、近底处各饰二周青釉弦纹，底部饰缠枝花叶纹。外腹壁饰青釉缠枝草叶花卉纹。青釉发色淡蓝中泛深。圈足削足底边酱黄色。口径 13.9、足径 5.7、通高 5.6 厘米（图三〇，3；彩版四〇）。

Da 型 II 式碗　1 件。标本 07TTT4⑤：5，白瓷胎，质地细腻。斜直口，圆唇，浅弧腹下收，圜底，圈足。内壁饰青釉过墙龙纹。外壁残存龙的躯干、龙爪等纹饰，圈足底饰二周弦纹，中央饰折花卉纹底款。青釉发色蓝中变深。口径 11.6、足径 5.5、通高 5.8 厘米（图三一，1；彩版四一）。

Da 型 III 式碗　2 件。标本 07TTT3⑤：13，白瓷胎，质地细密。斜直口，尖圆唇，斜弧腹，圜平底，外直斜墙、内墙外撇圈足，斜尖足。内壁口沿、下腹各饰一周弦纹。外壁饰松、竹、梅纹饰。口径 11.8、足径 4.7、通高 5.7 厘米（图三一，4、5；彩版四二，1）。标本 07TTT3⑤：1，胎质釉色同前述。圈足外直墙内斜墙，斜削尖圆足。内壁口沿近底处各饰二周弦纹，底饰折枝花。外壁饰青釉缠枝花纹，圈足底有花卉底款。口径 9.7、足径 4.1、通高 5.1 厘米（图三一，3；彩版四二，2；彩版四三）。

Db 型 II 式碗　1 件。标本 07TTT4⑤：2，白瓷胎，质地细密。斜直口，尖圆唇外凸，斜弧腹下收，圜底，圈足。内壁唇沿、近底处各饰二周青釉弦纹，底部有一"寿"字。外腹壁处饰青釉"寿"字纹。青釉发色蓝中泛深。口径 11.9、足径 5.1、通高 5.7 厘米（图三一，2；彩版四四，1）。

A 型 I 式盘　1 件。标本 07TTT1⑤：14，白瓷胎，质地细密。收口，圆唇，浅弧腹，圈足。内壁以三周"寿"字纹装饰。外壁留有轮制时的旋痕。口径 19.6、足径 12、通高 3.8 厘米（图三二，1）。

B 型 II 式盘　1 件。标本 07TTT2⑤：3，白瓷胎，质地细密。斜直口，方圆唇，宽沿斜折，浅腹，平底，圈足。酱釉口边，内壁沿面以青釉晕染，底部以青釉绘走兽（虎）下山回首状纹。外壁沿面饰以青釉竹节纹，圈足底饰二周弦纹，中央有方块形底款，圈足底边有"黄溢"。釉料发色靛蓝泛黑。口径 11.7、足径 6.1、通高 2.5 厘米（图三二，2、3；彩版四四，2；彩版四五）。

A 型 III 式酒杯　4 件。标本 07TTT1⑤：2，白瓷胎。收口，方唇，弧腹下收，圜平底，圈足，削足，露胎。外腹壁饰点状珍珠纹。釉料发色蓝中泛深。削足足底边为浅酱黄色。口径 6.8、足径 3.3、通高 3.6 厘米（图三三，1；彩版四六，1）。07TTT1⑤：26，白瓷胎，质地细密。收口，方唇，唇沿外撇，弧腹下收，圜平底，圈足。外壁饰缠枝花卉纹，底有花纹押款。口径 7、足径 3、通高 3.6 厘米（图三三，2、3）。标本 07TTT1⑤：11，白瓷胎。收口，方唇，弧腹下收，圜平底，圈足，尖圆足，露胎。外壁残存松、竹纹饰。釉料发色蓝偏深。口径 7、足径 2.7、通高 3.4 厘米（图三三，4、5；彩版四六，2）。07TTT2⑤：7，质地、器形同前述。器外壁饰二周"寿"字纹。此杯保留出土时曾经用三颗抓钉修复的杯壁现状。口径 6.8、足径 2.9、通高 3.6 厘米（图三三，6）。

图三〇　第⑤层出土景德镇窑系青花瓷碗

1. C 型（07TTT4⑤:4）　　2. C 型（07TTT4⑤:4）外壁纹饰展开图　3. Da 型 I 式（07TTT4⑤:10）

0 ⸺⸺ 4厘米

图三一　第⑤层出土景德镇窑系青花瓷碗

1. Da 型 Ⅱ 式（07TTT4⑤：5）　2. Db 型 Ⅱ 式（07TTT4⑤：2）　3. Da 型 Ⅲ 式（07TTT3⑤：1）

4. Da 型 Ⅲ 式（07TTT3⑤：13）　5. Da 型 Ⅲ 式（07TTT3⑤：13）外壁纹饰展开图

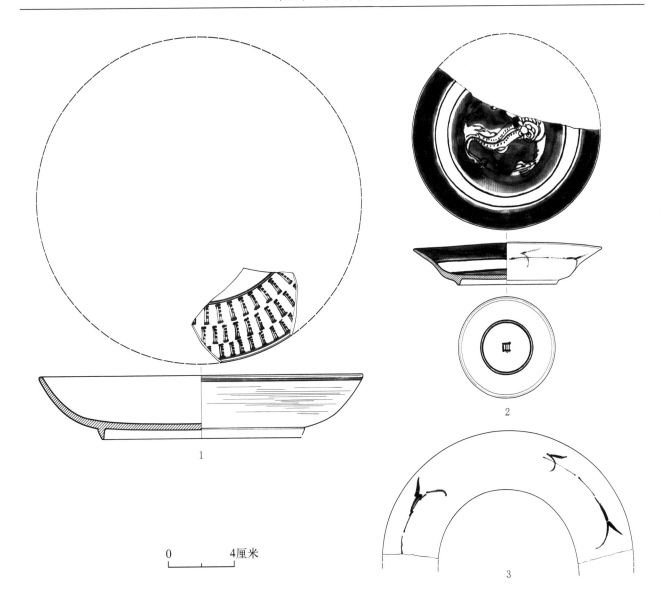

0　　　　4厘米

图三二　第⑤层出土景德镇窑系青花瓷盘
1. A 型 I 式（07TTT1⑤:14）　　2. B 型 II 式（07TTT2⑤:3）　　3. B 型 II 式（07TTT2⑤:3）外壁纹饰展开图

B 型 III 式酒杯　1 件。标本 07TTT2⑤:5，灰色瓷胎，质地粗。敞口，尖圆唇，斜腹下收，平底，圈足。内、外壁施玻璃质釉，釉色灰白透明，釉不及底，露胎。口径 7、足径 3、通高 3 厘米（图三四，1）。

C 型 II 式酒杯　3 件。标本 07TTT2⑤:2，白瓷胎，质地细密。撇口，方圆唇，斜腹下收，圈平底，圈足。内、外壁施釉，唇沿下饰宽带纹。外壁下腹部泛铁红色。釉料发色淡蓝偏黑泛酱黄。口径 6.4、足径 2.3、通高 3.1 厘米（图三四，2）。标本 07TTT2⑤:8，撇口，方圆唇，唇沿外撇，斜曲腹下收，圈平底，外斜削、环壁状圈足。内、外壁施釉，玻璃质釉层薄。内壁唇沿、下腹处各饰二周弦纹，底部饰变形鸟纹。外壁饰凤纹，足底粘有垫烧时的沙粒。釉料发色淡蓝泛黑。口径 7.3、足径 3.3、通高 3.8 厘米（图三四，3；彩版四七）。标本 07TTT2⑤:10，撇口，方圆唇，唇沿外撇，斜曲

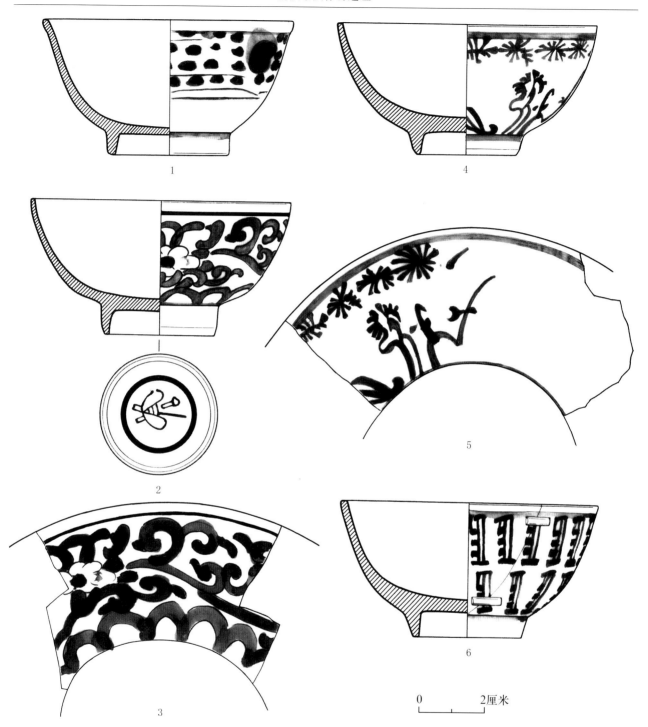

图三三　第⑤层出土景德镇窑系 A 型Ⅲ式青花瓷酒杯

1. 07TTT1⑤:2　2. 07TTT1⑤:26　3. 07TTT1⑤:26 外壁纹饰展开图　4. 07TTT1⑤:11　5. 07TTT1⑤:11 外壁纹饰展开图　6. 07TTT2⑤:7

腹下收，圜平底，外斜削、环壁状圈足。内、外壁施釉，玻璃质釉层薄。内壁唇沿、下腹处各饰二周弦纹，底部饰变形鸟纹。外壁饰缠枝花草纹。釉料发色淡蓝泛黑。口径 7、足径 3、通高 3.7 厘米（图三四，4；彩版四八）。

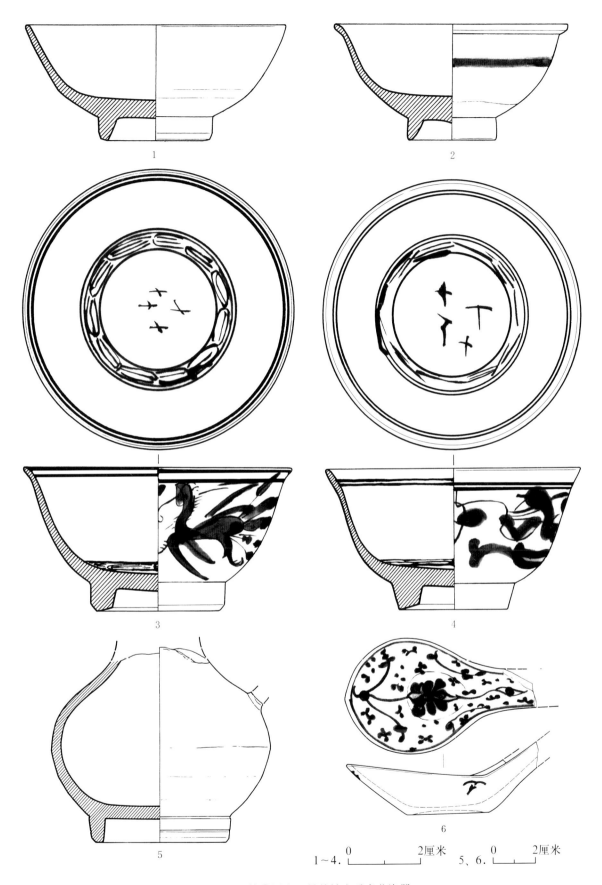

図三四　第⑤層出土景徳鎮窯系青花瓷器

1. B 型Ⅲ式酒杯（07TTT2⑤：5）　　2. C 型Ⅱ式酒杯（07TTT2⑤：2）　　3. C 型Ⅱ式酒杯（07TTT2⑤：8）

4. C 型Ⅱ式酒杯（07TTT2⑤：10）　　5. 壶（07TTT1⑤：5）　　6. 勺（07TTT3⑤：5）

壶　1件。07TTT1⑤：5，灰白瓷胎，质地细密。鼓腹，腹内收，圈足，平底。圈足粘沙。颈部以上残。器表施玻璃质釉，釉层透明，积釉处泛青釉有开片。腹壁饰青釉缠枝花纹，青釉料浸漫晕染。釉料发色靛蓝，积釉处发黑。腹径8.9、足径5.1、残高7.8厘米（图三四，5）。

勺　1件。标本07TTT3⑤：5，白色瓷胎，胎质细密。勺面以青釉缠枝花装饰，釉料发色靛青泛黑。凹底，勺柄残（图三四，6）。

3. 釉陶器

有A型Ⅱ式缸、B型Ⅱ式缸、A型Ⅰ式罐、A型Ⅱ式罐、A型Ⅲ式罐、B型Ⅲ式罐、C型Ⅱ式罐、Ⅱ式管状流。

A型Ⅱ式缸　1件。标本07TTT3⑤：20，暗红色釉陶胎，质地细密。口微敛，平沿，唇沿渐宽增厚，斜腹下收，平底，底内凹。施暗红色釉。口径44、底径19.4、高26.8厘米（图三五，1）。

B型Ⅱ式缸　4件。标本07TTT3⑤：8，暗红色釉陶胎，质地细密。敛口，方圆唇，宽折沿，斜腹，残。饰青灰色釉，釉色泛红。口径44.6厘米（图三五，4）。标本07TTT3⑤：6，质地、器形同前述。口径58厘米（图三五，5；彩版四九，1）。标本07TTT3⑤：14，器表有轮制弦痕。口径26.8厘米（图三五，2）。标本07TTT1⑤：17，敛口，方圆唇，宽折沿，斜腹下收，残。口径42厘米（图三五，3）。

A型Ⅰ式罐　1件。标本07TTT1⑤：25，暗褐色釉陶胎，质地细密。小口，方唇，折肩，残。饰酱褐色釉。口径10.4厘米（图三五，8）。

A型Ⅱ式罐　2件。标本07TTT4⑤：7，暗红色釉陶胎。小口，方唇，有领，斜肩，鼓腹残。施酱红色釉，肩腹部有轮制弦纹。口径10.4厘米（图三五，11）。标本07TTT3⑤：15，灰褐色釉陶胎。小口，方唇，颈肩以下残。施酱黄釉。口径10.2厘米（图三五，12）。

A型Ⅲ式罐　2件。标本07TTT4⑤：8，暗红色釉陶胎，直口，方唇，颈肩处有凹弦纹。口径9.4厘米（图三五，9）。

B型Ⅲ式罐　1件。标本07TTT3⑤：16，暗红色釉陶胎。口微敛，尖圆唇，内凹沿，腹微鼓下收，残。鼓腹处有二周凹弦纹。施青灰釉。口径24厘米（图三五，10）。

C型Ⅱ式罐　1件。标本07TTT1⑤：16，褐色釉陶胎。敛口，尖唇，斜弧沿，广肩，残。施青灰釉，泛黄。口径20.8厘米（图三五，6）。

Ⅱ式管状流　1件。标本07TTT1⑤：18，灰色釉陶胎。较长，流管弯曲，应是带流壶的残件。长10.3厘米（图三五，7）。

4. 陶器

有A型盆。

A型盆　1件。标本07TTT3⑤：17，泥质灰黑陶。直口，折沿，方圆唇，斜腹残。口径37厘米（图三六，1）。

5. 铜器

有勺柄和圈足。

勺柄　1件。标本07TTT1⑤：21，勺柄呈弧形，如意形柄头。残长8.1、宽1.2、厚0.2厘米（图三六，2）。

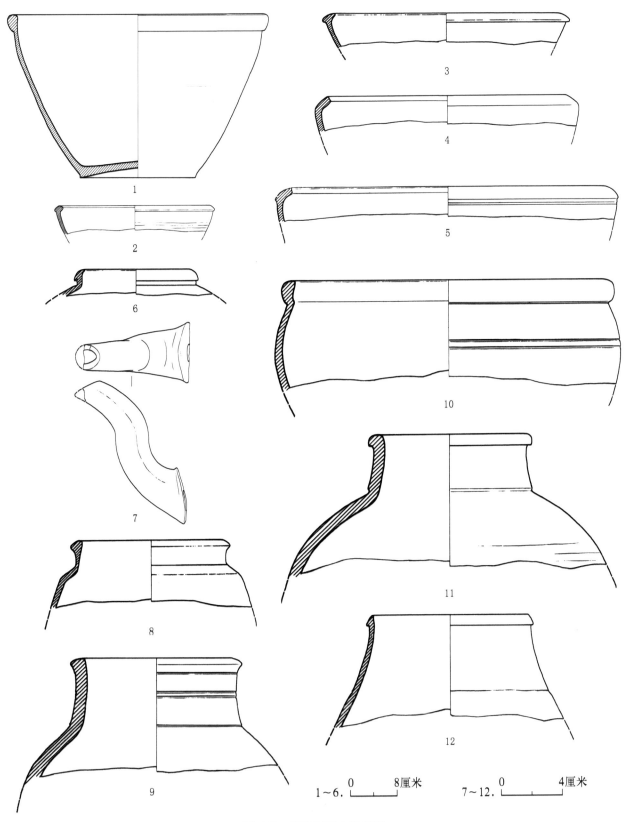

图三五　第⑤层出土釉陶器

1. A 型 II 式缸（07TTT3⑤：20）　　2. B 型 II 式缸（07TTT3⑤：14）　　3. B 型 II 式缸（07TTT1⑤：17）　　4. B 型 II 式缸（07TTT3⑤：8）

5. B 型 II 式缸（07TTT3⑤：6）　　6. C 型 II 式罐（07TTT1⑤：16）　　7. II 式管状流（07TTT1⑤：18）　　8. A 型 I 式罐（07TTT1⑤：25）

9. A 型 III 式罐（07TTT4⑤：8）　　10. B 型 III 式罐（07TTT3⑤：16）　　11. A 型 II 式罐（07TTT4⑤：7）　　12. A 型 II 式罐（07TTT3⑤：15）

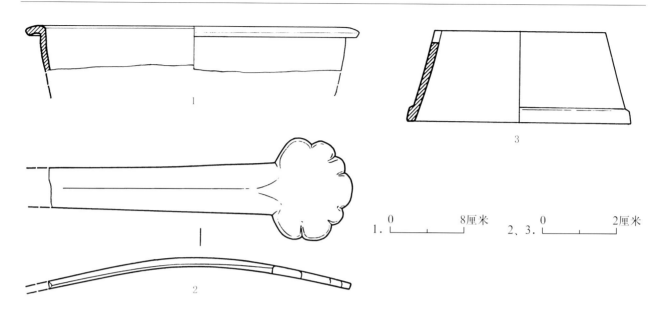

图三六　第⑤层出土陶器和铜器

1. A 型陶盆（07TTT3⑤：17）　　2. 铜勺柄（07TTT1⑤：21）　　3. 铜圈足（07TTT1⑤：19）

圈足　1 件。标本 07TTT1⑤：19，上小下大，呈梯形。足径 6、高 2.4 厘米（图三六，3）。

五、文化层堆积单位第⑥层出土遗物

本层出土遗物包括地方窑土青花瓷器、景德镇窑系青花瓷器、釉陶器、陶器、石器和钱币（附表三四～四一）。

1. 地方窑土青花瓷器

有 Aa 型 I 式碗、Aa 型 II 式碗、Aa 型 III 式碗、B 型 I 式碗、C 型 I 式碗、C 型 II 式碗。

Aa 型 I 式碗　2 件。标本 07TTT2⑥：1，灰色瓷胎，胎质粗。敞口，圆唇微卷，斜腹，圜凹底，圈足。内、外壁施釉不及底，露胎。外壁饰青釉朵菊和缠枝纹。釉色灰白泛青，釉料浅靛青，积釉处泛黑。玻璃质釉层薄，可见开片裂纹。口径 24.3、足径 11.6、通高 9.1 厘米（图三七，1；彩版四九，2）。标本 07TTT3⑥：1，质地、釉色同前。内外壁施玻璃质釉。外壁饰朵花、缠枝草叶纹。底部有轮制时留下的旋痕。器表有缩釉形成的橘皮皱和釉滴。釉料发色淡蓝泛黑，玻璃质釉层透明。口径 25.5、足径 13、通高 9.2 厘米（图三七，2）。

Aa 型 II 式碗　2 件。标本 07TTT1⑥：1，灰色瓷胎，质地细，碗壁厚胎。敞口，圆唇外卷，斜腹下收，圜平底，圈足。内、外壁施釉不及底，底、圈足露胎，玻璃质釉层薄。内壁口沿、外壁饰一周垂帐纹。釉料发色浅淡泛黄，玻璃质釉层透明。口径 25、足径 13.7、通高 7.5 厘米（图三七，6；彩版五〇，1）。标本 07TTT4⑥：7，灰色瓷胎，质地较粗。敞口，斜方唇，浅腹下收，圜平底，圈足。盘内、外壁施釉，不及底，釉层薄。内腹壁以下及圈足露胎。外壁饰青釉缠枝朵花纹。釉料发色蓝中泛酱黄。口径 25、足径 12.6、通高 7.7 厘米（图三七，4、5；彩版五〇，2）。

Aa 型 III 式碗　1 件。标本 07TTT3⑥：2，灰色瓷胎。敞口，卷唇沿，斜腹，圜平底，圈足。内、

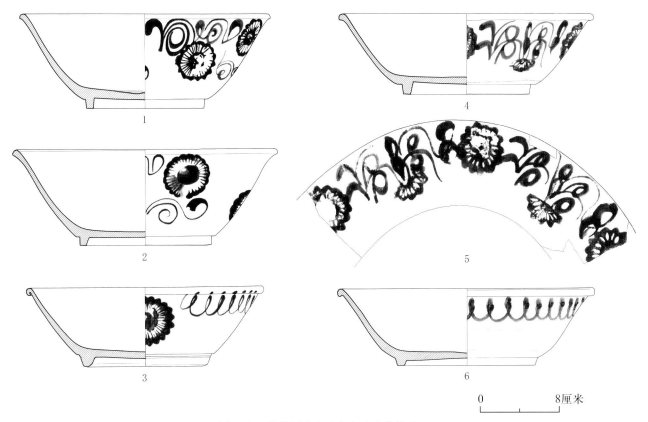

图三七　第⑥层出土地方窑土青花瓷碗

1. Aa 型 I 式（07TTT2⑥：1）　2. Aa 型 I 式（07TTT3⑥：1）　3. Aa 型Ⅲ式（07TTT3⑥：2）　4. Aa 型Ⅱ式（07TTT4⑥：7）

5. Aa 型Ⅱ式（07TTT4⑥：7）外壁纹饰展开图　6. Aa 型Ⅱ式（07TTT1⑥：1）

外壁施釉不及底，露胎。玻璃质釉色灰白。外壁饰朵花垂帐纹。口径 23、足径 12.1、通高 7.6 厘米（图三七，3）。

B 型 I 式碗　2 件。标本 07TTT3⑥：11，灰色瓷胎，质地粗。敞口，尖圆唇，斜弧腹，下腹壁有折棱，碗底部微塌，圜平底，圈足。内外壁施釉不及底，露胎。玻璃质釉色灰白，碗外壁饰团花草叶纹，口径 14.1、足径 7.5、通高 4.8 厘米（图三八，1、2；彩版五一，1）。标本 07TTT2⑥：2，灰色瓷胎，质地粗。敞口，尖圆唇，斜弧腹下收，平底，圈足。内、外壁施釉不及底，露胎。外壁饰朵花垂帐纹。内底饰朵花纹。口径 13.3、足径 7、通高 5.6 厘米（图三八，4、5；彩版五一，2）。

C 型 I 式碗　1 件。标本 07TTT3⑥：6，灰色瓷胎。敞口，方圆唇，斜腹，圜平底，圈足。内外壁施釉，玻璃质釉，釉色泛灰黄。内壁口沿、下腹各饰二周弦纹。外壁饰缠枝草卉纹，底部有轮制时留下的旋痕。圈足底有鸡心。釉料发色浅淡泛酱黄。口径 12.2、足径 6、通高 6.1 厘米（图三八，6）。

C 型Ⅱ式碗　1 件。标本 07TTT3⑥：5，灰色瓷胎。敞口，方圆唇，斜腹，圜平底，圈足，圈足内外墙削足，露胎。内、外壁施釉，玻璃质釉，釉色泛青。内壁口沿、外壁饰四瓣花纹，底部乳突明

图三八　第⑥层出土地方窑土青花瓷碗

1. B 型 I 式（07TTT3⑥∶11）　2. B 型 I 式（07TTT3⑥∶11）外壁纹饰展开图　3. C 型 II 式（07TTT3⑥∶5）
4. B 型 I 式（07TTT2⑥∶2）　5. B 型 I 式（07TTT2⑥∶2）外壁纹饰展开图　6. C 型 I 式（07TTT3⑥∶6）

显。釉料发色浅淡泛酱黄。口径12.2、足径5.5、通高5.3厘米（图三八，3；彩版五二，1）。

2. 景德镇窑系青花瓷器

有Aa型Ⅰ式碗、Aa型Ⅱ式碗、B型Ⅰ式碗、A型Ⅰ式酒杯、A型Ⅱ式酒杯、B型Ⅰ式酒杯、B型Ⅱ式酒杯。

Aa型Ⅰ式碗　2件。标本07TTT1⑥：7，白瓷胎，质地细密。斜直口，圆唇，平折沿，斜腹下收，圜平底，圈足较矮。内壁底饰青釉变形山水纹。外壁饰淡釉山水纹。釉料发色淡蓝泛青靛。口径12.3、足径6.6、通高6.5厘米（图三九，1；彩版五三）。标本07TTT4⑥：1，灰白瓷胎，质地较细。斜直口，圆唇，唇沿外撇，斜腹下收，圜底，圈足较矮，削足，底粘沙。内、外壁施釉。内壁口沿饰点彩，底部饰青釉菊花纹。外壁以青釉绘缠枝菊花纹，足底边为酱黄泛红色。釉料发色深泛黑，积釉处有缩釉裂纹、裂口。圈足底部有乳突。口径13.1、足径6.8、通高7.4厘米（图四〇，1、2；彩版五四；彩版五五，1）。

Aa型Ⅱ式碗　1件。标本07TTT4⑥：2，白瓷胎，质地细密。口微敞，尖方唇，唇沿外撇，弧腹内收，圜平底，外直墙、内墙外撇斜削圈足，圈足较矮。内底外壁残存缠枝朵花纹。口径12.5、足径5.7、通高6.9厘米（图三九，3、4；彩版五二，2）。

B型Ⅰ式碗　1件。标本07TTT4⑥：9，灰白瓷胎，质地较细。直口，方唇，圆弧腹下收，圜底，圈足。内、外壁施釉，釉层薄。内壁口沿近底处饰二周弦纹，底部点彩。外壁以青釉绘鱼纹、点彩装饰，足底边为火石红。釉料发色深泛黑。积釉处有缩釉裂纹。口径9、足径4.2、通高4.5厘米（图三九，2；彩版五六）。

A型Ⅰ式酒杯　2件。标本07TTT1⑥：4，白瓷胎。收口，尖圆唇，斜腹下收，圜平底，圈足，削足，足胎露铁红色。内壁唇沿、腹壁各饰二周弦纹。外腹壁饰鱼纹、水草纹、弦纹。釉料发色蓝中泛黑。口径6.5、足径3.1、通高3.5厘米（图四一，1、2；彩版五五，2）。标本07TTT2⑥：4，白瓷胎，质地细密。收口，圆唇，斜腹下收，圜平底，圈足，削足，圈足底圈铁红色即"铁足"。内壁口沿、下腹部各饰二周淡青釉弦纹，底部中央青釉点彩。外壁口沿饰青釉弦纹，腹壁饰青釉鱼纹、水草纹。釉料发色靛青，积釉处泛黑。圈足有缩釉裂纹和针孔状凹点。口径7.1、足径3.2、通高3.8厘米（图四一，3）。

A型Ⅱ式酒杯　1件。标本07TTT2⑥：5，白瓷胎，质地细密。收口，圆唇，斜腹下收，圜平底，圈足，削足，圈足底圈铁红色即"铁足"。内壁口沿、下腹部各饰青釉弦纹二周，底部中央青釉点彩。外壁口沿、圈足各饰青釉弦纹，腹壁饰青釉鱼纹、水草纹。釉料发色靛青，积釉处泛黑。口径6.7、足径3.3、通高3.7厘米（图四一，6）。

B型Ⅰ式酒杯　1件。标本07TTT1⑥：3，白瓷胎。敞口，方圆唇，平沿，斜腹下收，圜底，圈足，削足，足底一周露红泛黄色。内壁唇沿、底饰青釉点彩。外腹壁饰变形鱼纹、水草纹和点彩。釉料发色蓝中泛黑。口径6.6、足径2.8、通高4.1厘米（图四一，4；彩版五七，1）。

B型Ⅱ式酒杯　1件。标本07TTT3⑥：8，白瓷胎，质地细密。敞口，方唇，斜腹下收，圜平底，圈足，削足，圈足底圈铁红色即"铁足"。内、外壁施釉。内壁底部、外腹壁饰青釉点彩。釉料发色蓝泛靛青。口径6.6、足径3.1、通高3.6厘米（图四一，5）。

图三九　第⑥层出土景德镇窑系青花瓷碗

1. Aa 型 I 式（07TTT1⑥:7）　　2. B 型 I 式（07TTT4⑥:9）　　3. Aa 型 II 式（07TTT4⑥:2）

4. Aa 型 II 式（07TTT4⑥:2）外壁纹饰展开图

3. 釉陶器

有 A 型 I 式壶、B 型 I 式壶、盆、A 型 I 式缸、C 型 I 式罐、D 型罐、残罐底、I 式管状流、团花瓣纹釉陶片。

A 型 I 式壶　2 件。标本 07TTT4⑥:3，朱红色釉陶胎，质地细密。圆唇，杯口，斜溜肩，直腹下收，平底。口沿处有一外凸嘴状流，斜口。肩领腹处有一带把单耳。施酱釉，有釉滴，釉不及底，露胎。口径 4.6、腹径 7.3、底径 6.6、高 11.6 厘米（图四二，1；彩版五七，2）。标本 07TTT3⑥:7，

图四〇　第⑥层出土景德镇窑系 Aa 型 I 式青花瓷碗

1. 07TTT4⑥:1　　2. 07TTT4⑥:1 外壁纹饰展开图

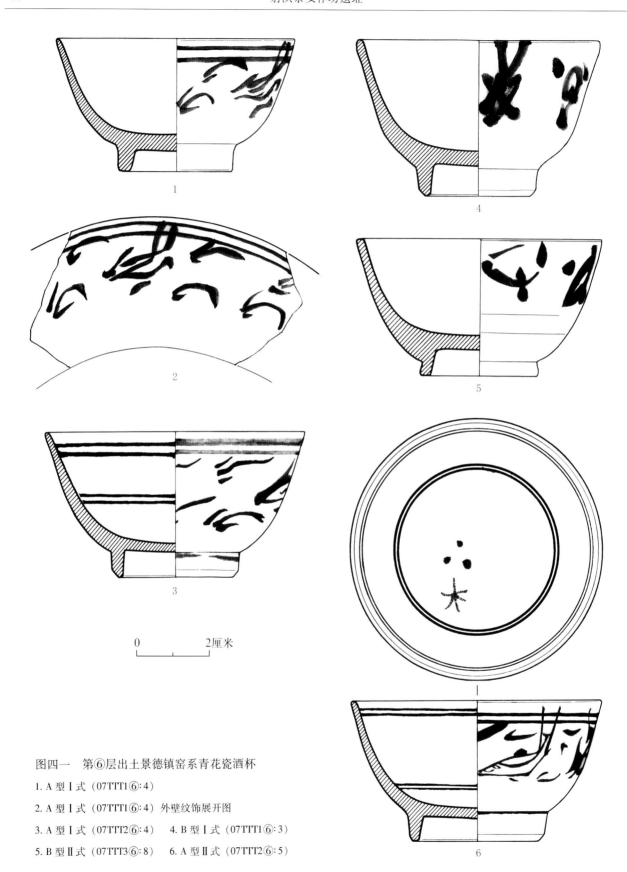

图四一　第⑥层出土景德镇窑系青花瓷酒杯

1. A 型 I 式（07TTT1⑥:4）

2. A 型 I 式（07TTT1⑥:4）外壁纹饰展开图

3. A 型 I 式（07TTT2⑥:4）　4. B 型 I 式（07TTT1⑥:3）

5. B 型 II 式（07TTT3⑥:8）　6. A 型 II 式（07TTT2⑥:5）

暗赭色釉陶胎，质地细密，尖唇，折沿，直口，口沿处有一外凸嘴状流，束颈，斜肩，鼓腹，平底。肩腹处有一带把单耳。施深色青釉泛黄，釉不及底，露胎。口径5.9、腹径10.6、底径6.2、高14.7厘米（图四二，2；彩版五八，1）。

B型Ⅰ式壶　1件。标本07TTT1⑥：5，橙红色釉陶胎，圆唇，直口，有领，斜溜肩，鼓腹下收，平底。口沿处带流，领腹处有耳。施黄釉，有釉滴，釉不及底，露胎。器表肩腹以下有数周凸起状弦棱。口径6、腹径11.1、底径6.4、高15.5厘米（图四二，3；彩版五八，2）。

盆　1件。标本07TTT3⑥：15，圆唇，直口，凹沿面，斜弧腹下收，平底。器内外壁施青釉，外壁施半釉。器表有轮制时留下的凸棱。口径30.4、底径20.2、高12.4厘米（图四二，4）。

A型Ⅰ式缸　1件。标本07TTT2⑥：10，暗红色釉陶胎，质地细密。直口，平沿，叠唇，唇沿较窄薄，直口，斜腹，残。口径31.4厘米（图四二，5）。

C型Ⅰ式罐　1件。标本07TTT3⑥：17，暗红色釉陶胎，质地细密。中口，尖唇，有颈，斜弧沿面，广肩。施酱红色釉。口径22.8厘米（图四三，1）。

D型罐　1件。标本07TTT3⑥：16，暗红色釉陶胎，质地细密。敛口，方唇，短颈，折肩，直腹，上腹以下残。器表施酱红色釉，有轮制旋痕。口径21.4厘米（图四三，2）。

残罐底　1件。标本07TTT3⑥：9，暗红色釉陶胎，质地细密。鼓腹，平底。施青釉泛黄，釉不及底，露胎。腹部以上残。腹径20.8、底径11.2、残高18厘米（图四三，3）。

Ⅰ式管状流　1件。标本07TTT1⑥：11，暗红色釉陶胎，质地细密。圆管状，器表施青灰釉。残长6.9厘米（图四三，4）。

团花瓣纹釉陶片　1件。标本07TTT2⑥：11，暗红色釉陶胎，质地细密。凿印圆形花瓣纹，饰青灰泛黄色釉（图四三，5）。

4. 陶器

有A型盆、B型盆、Ⅰ式壶、器耳。

A型盆　3件。标本07TTT2⑥：14，泥质灰黑陶。敛口，尖唇，折沿，斜弧腹，残。口径27厘米（图四四，1）。标本07TTT2⑥：15，泥质灰黑陶。腹部以下残。口径26.8厘米（图四四，2）。标本07TTT2⑥：3，泥质灰黑陶。敛口，尖圆唇，平折沿，斜弧腹，平底。口径29.2、底径19.2、高13.2厘米（图四四，3）。

B型盆　2件。标本07TTT1⑥：9，泥质灰黑陶。敛口，尖圆形叠唇，叠唇较薄，斜弧腹，残。口径41.2厘米（图四四，5）。标本07TTT2⑥：7，敛口，泥质灰黑陶，圆叠唇，叠唇较厚，斜弧腹，残。口径38.6厘米（图四四，4）。

Ⅰ式壶　2件。标本07TTT1⑥：2，泥质灰黑陶。杯形口，双唇，斜溜肩，鼓腹下收，平底。鼓腹处有轮制凸旋棱。口径4.3、腹径7.8、底径4.2、高10厘米（图四四，8；彩版五九，1）。标本07TTT1⑥：8，泥质灰黑陶。杯形口，双唇，斜溜肩，残。口径4.2厘米（图四四，7）。

器耳　1件。标本07TTT1⑥：10，泥质灰黑陶。应是壶、罐类容器的附件（图四四，6）。

5. 石器

圆饼形器　1件。标本07TTT1⑥：6，石质为层理状砂岩。圆形，两面平整、磨光。磨痕明显，

图四二　第⑥层出土釉陶器

1. A 型 I 式壶（07TTT4⑥:3）　　2. A 型 I 式壶（07TTT3⑥:7）　　3. B 型 I 式壶（07TTT1⑥:5）

4. 盆（07TTT3⑥:15）　　5. A 型 I 式缸（07TTT2⑥:10）

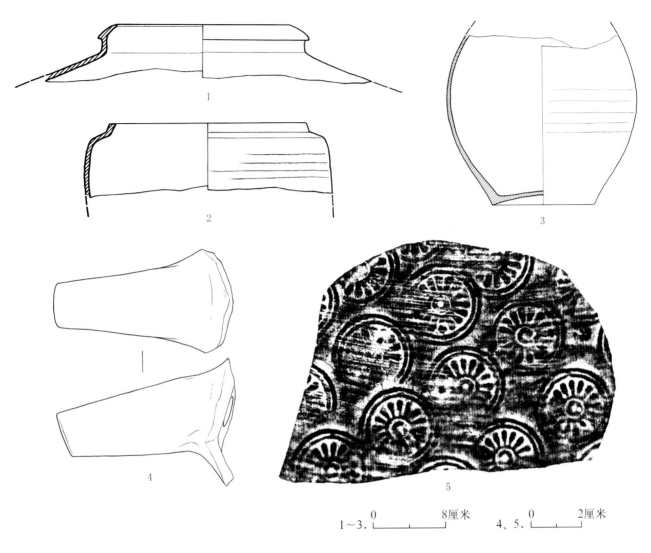

图四三　第⑥层出土釉陶器

1. C 型 I 式罐（07TTT3⑥：17）　　2. D 型罐（07TTT3⑥：16）　　3. 残罐底（07TTT3⑥：9）

4. I 式管状流（07TTT1⑥：11）　　5. 团花瓣纹釉陶片（07TTT2⑥：11）拓片

可能作为磨盘使用。直径 23.3、厚 2.5 厘米（图四五，1；彩版五九，3）。

6. 钱币

开元通宝　2 枚。标本 07TTT3⑥：12，圆形有郭，方穿。唐武德四年始铸，竖读，钱文字体在篆隶之间，背面有月牙纹。直径 2.5、穿边长 0.6 厘米（图四五，2）。标本 07TTT3⑥：18，同前（图四五，3）。

第二节　房　基

一、房基类型

建筑基址是清代修建的川主庙地面木结构殿宇 20 世纪 30 年代经大火烧毁后遗存下来的，本次发

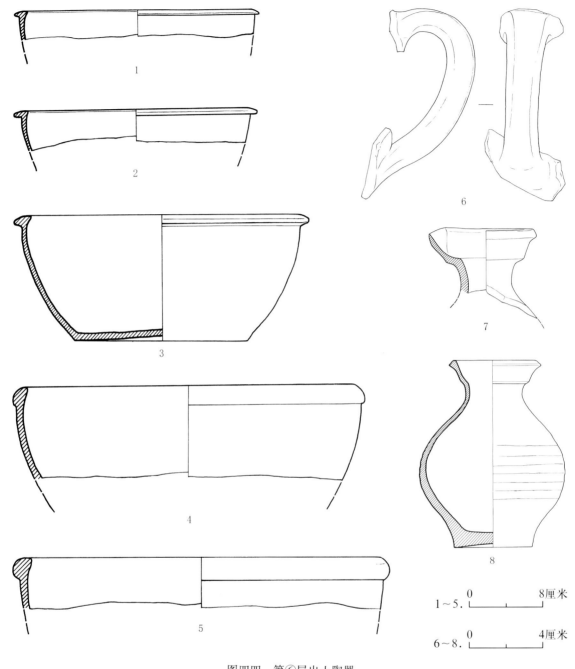

图四四　第⑥层出土陶器

1. A 型盆（07TTT2⑥:14）　　2. A 型盆（07TTT2⑥:15）　　3. A 型盆（07TTT2⑥:3）　　4. B 型盆（07TTT2⑥:7）

5. B 型盆（07TTT1⑥:9）　　6. 器耳（07TTT1⑥:10）　　7. I 式壶（07TTT1⑥:8）　　8. I 式壶（07TTT1⑥:2）

掘只揭露出川主庙建筑基址的极小部分，而古建筑基址的发掘不是本次发掘工作的重点，故对川主庙及建筑基址地面以下的分布、构筑情况并不清楚。

　　揭露出的房基位于泰安作坊生产车间的西南部。为了便于发掘工作的展开，对车间西南部曾用作食堂、现已闲置弃用的房屋进行拆除，在拆除墙体时，发现部分墙砖上有"川主"二字的凿记，据此我们可以明确断定，拆除这部分房屋建筑的墙体应是川主庙建筑经大火烧毁后残

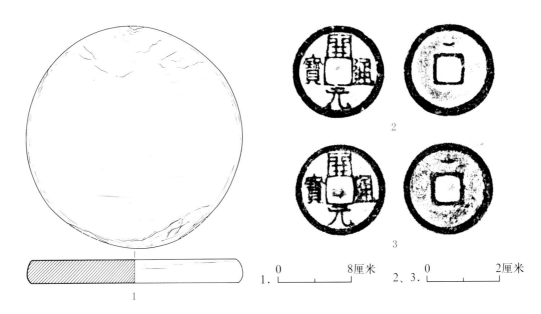

图四五　第⑥层出土石器和钱币

1. 石圆饼形器（07TTT1⑥：6）　　2. 开元通宝（07TTT3⑥：12）拓片　　3. 开元通宝（07TTT3⑥：18）拓片

存下来的极少部分墙体，有"川主"二字凿记的墙砖是为修建名为"川主"庙宇而专门烧制的。接下来的发掘工作证实，泰安作坊遗址早期酿酒遗迹是直接被川主庙主体墙基下的排水沟所打破，明确的层位关系准确无误地证明：川主庙主体墙基及其地面建筑之始建年代，当是泰安作坊早期酿酒遗迹（07TTJK6）废弃以后才得以兴建，也就是说考古发掘揭露出的川主庙主墙基址（07TTF2）部分的建造年代晚于泰安作坊早期酿酒遗迹的年代。川主庙地面建筑的原状部分早已荡然无存，但保存下来的建筑基址原状布局清晰可辨。庙宇基础平面布局为长方形，纵向呈西北走向，山门开在东南部。进入山门，便是空旷的院坝，左右两边是厢房，院坝的西北端是主殿基址，主殿基址后是院坝，两边是厢房基址，西北端是院墙。庙宇是一座占地近万平方米、二进庭院式建筑。

　　本次发掘工作重点并不是川主庙建筑基址的平面布局问题，解剖庙宇的建筑基址，只是对涉及到酿酒作坊遗址的极小部分进行了发掘，故川主庙的整个建筑基础结构、详细的平面布局和其他信息尚不清楚。

二、建造程序与方法

　　现将揭露出的川主庙建筑基础依据形状分为07TTF1、07TTF2。07TTF1 房基位于③层下，07TTF2 房基位于⑤层下，为便于本次酿酒遗址的发掘工作，拆除其地面上的现代房架和残存的川主庙砖墙体，露出条石房基。

　　07TTF1揭露出的墙基平面分布呈两开间的长方形，分布于T2、T3、T4、T5、T6、T10 六个探方。两开间的房基条石均保存，呈闭合状。每间面积约 16 平方米。房基的西南面有一条排水沟，排水沟一边用条石砌成，另边以房基条石兼作。使用的条石长约 120、宽约 25 厘米。仅使用一层条石作基础，条石基址打破遗址第③层和 07TTJK5 酿酒窖池、07TTjk4 接酒池。此外 07TTF2 东南面紧接07TTF1 的西南—东北走向的石砌墙基。

07TTF2 揭露出的墙基平面分布近似"T"字形。东北—西南走向的石砌墙基分布于 T2、T3、T6、T8 四个探方，门和门柱石位于西南部。西北—东南走向的石砌墙基分布于 T2、T7、T11 三个探方，露出长度 880 厘米。07TTF2 的两段墙体均是用长约 150、宽约 35 厘米的条石错缝叠砌。东北—西南走向的墙基共叠砌了五层条石，墙基条石打破遗址堆积的第⑥层。西北—东南走向的石砌墙基，条石直接叠砌在石砌的暗排水沟之上，现有三层墙基条石。带"川主"二字铭文凿记的墙砖遗存于07TTF2 石墙基上。

依据 07TTF1、07TTF2 房屋石墙基的大小，砌筑方法，墙基的深度，07TTF1 东南面紧接 07TTF2的西南—东北走向的石砌墙基等因素分析，07TTF2 应为川主庙主体建筑的一部分，当 07TTF2 建成后，07TTF1 紧接 07TTF2 修建，可能是川主庙的从属建筑。故 07TTF1 与 07TTF2 修建的相对年代应该是 07TTF2 略早于 07TTF1。

其建造程序是：先挖排水沟基槽，在基槽内铺砌条石形成沟底后，用条石筑沟的二沟壁，在其上扣盖石板形成暗排水沟；再在暗沟上错缝叠砌条石地基，条石地基上砌筑砖墙修建川主庙宇。

三、排水沟

本次工作清理出排水沟 1 条（编号为 07TTG1），仅清理了接露出的部分，不是排水沟的全貌。07TTG1 位于 07TTT6 东南部，是一条埋在房屋建筑基础之下的暗排水沟，开口在川主庙主体建筑的石墙基下，揭露部分长 500 厘米，宽 80 厘米，呈东北—西南走向。此沟修建程序是先开挖沟的基槽，基槽宽约 100 厘米，深 60 厘米。在基槽内用剖面边长 25 厘米近似方形、长约 80 厘米的砂岩条石铺底，沟的两边也用剖面边长 25 厘米近似方形、长约 80 厘米的砂岩条石砌筑沟边。沟宽 30 厘米，深25 厘米，沟口用厚 8 厘米的沙石板扣盖。

第三节　酿酒窖池

泰安作坊遗址共发掘清理出酿酒窖池六口，编号分别为 07TTJK1、07TTJK2、07TTJK3、07TTJK5、07TTJK6、07TTJK7。

一、酿酒窖池 07TTJK1

（一）位置

07TTJK1 位于 T1 北部北隔梁西端、T2 东北角的关键柱、T3 东隔梁南端、T8 西南角，因窖池西北至东南部分紧邻现生产车间墙基，不便清理，故窖池的完整形状与堆积不是全面的。07TTJK1 的西南向坑壁与晾堂 07TTL1 紧密相连。

（二）层位

07TTJK1 开口于②层下，打破第③层至生土，坑口距地表 30 厘米，底深 150 厘米，叠压酿酒窖池 07TTJK2、07TTJK3 的西北壁。

（三）形状与结构

现揭露出的坑口平面呈长方形，长 300、露出宽度 250 厘米，深 120 厘米（图四六）。露出的坑壁用条石砌筑，表面凸凹不平，估计与挂抹窑泥有关，坑底是生土，不见有加工痕迹。

（四）堆积与包含物

窑池坑内为灰黑色土并掺杂有少量黄色黏土块，较多的炭渣、卵石、砂石碎块，在灰黑色填土堆积中含有少量酿酒酒糟，包含的文化遗物有地方窑土青花瓷片、景德镇窑系青花瓷片、釉陶片。其中以地方窑土青花瓷片数量居多，其次是景德镇窑系青花瓷片、釉陶片，还有数量极少的粉彩、绿釉瓷片。纹饰以缠枝纹居多，还有草叶纹、灵芝纹、“寿”字纹，釉陶片多为素面。器形有酒杯、盘、碗、罐、碟、器盖、壶、灯盏、勺等（附表四二、四三）。

1. 地方窑土青花瓷器

有 Ab 型Ⅱ式碗、B 型盘、碟。

Ab 型Ⅱ式碗　1 件。标本 07TTJK1∶1，灰白瓷胎，质地粗。敞口，尖圆唇，斜腹下收，圜平底，内外斜直墙圈足。内壁底部露胎。外壁饰有“寿”字纹。玻璃釉层薄，有小开片冰裂纹。釉料发色黑中泛酱黄。口径 14.3、足径 7.2、通高 5.1 厘米（图四七，1）。

B 型盘　1 件。标本 07TTJK1∶9，白瓷胎。敞口，尖圆唇，浅腹，圜平底，圈足。盘内外壁施白釉，外壁缩釉形成针孔凹点和裂纹，器表不平滑。内壁施红彩折枝花。釉上彩。口径 12.9、足径 6.8、通高 2.4 厘米（图四七，2）。

碟　1 件。标本 07TTJK1∶2，白瓷胎。敞口，尖圆唇，浅腹，平底，斜直墙圈足，尖足。口径 9.5、足径 4、通高 2.6 厘米（图四七，3）。

2. 景德镇窑系青花瓷器

有 A 型Ⅲ式罐、B 型罐、A 型灯盏。

A 型Ⅲ式罐　1 件。标本 07TTJK1∶10，白瓷胎，质地细腻。小口微敛，方唇，矮领，圆肩，鼓腹下收，平底，圈足。器表以青釉绘山水、茅屋、老翁等内容，利用釉料晕染深浅的艺术手段来表现山水、人物、树木的远近效果。釉料发色浅蓝，有浓淡层次之分。口径 5、腹径 11.5、足径 6.1、通高 13.1 厘米（图四七，4；彩版六〇）。

B 型罐　1 件。标本 07TTJK1∶13，白瓷胎，胎质细腻。大口，直腹下收，平底，圈足。外壁残存青釉人物等纹饰。口径 11、足径 6.7、通高 6.7 厘米（图四七，5）。

A 型灯盏　1 件。标本 07TTJK1∶18，白瓷胎，胎质细腻。灯柱呈上小下大的长柄状圆柱形，灯柱上部有一耳，盘状底足残。盛油灯池残。灯柱饰花卉纹。足径 5.9、残高 17.6 厘米（图四七，6；彩版六二，1）。

3. 釉陶器

有残壶、大烟烟锅。

残壶　1 件。标本 07TTJK1∶6，紫红色釉陶胎，质地粗。颈部以上残，斜肩，鼓腹，平底，内凸。施酱釉，不及底，鼓腹以下露胎。腹部以下有数周凸棱。腹径 13.1、底径 6.7、残高 13.2 厘米

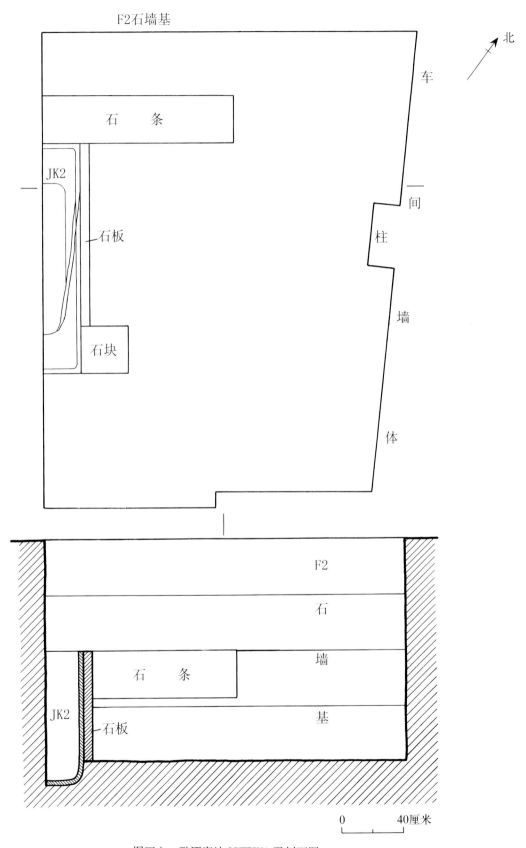

图四六　酿酒窖池 07TTJK1 平剖面图

图四七　酿酒窖池 07TTJK1 出土青花瓷器

1. 地方窑 Ab 型 II 式碗（07TTJK1：1）　　2. 地方窑 B 型盘（07TTJK1：9）　　3. 地方窑碟（07TTJK1：2）

4. 景德镇窑系 A 型 III 式罐（07TTJK1：10）　　5. 景德镇窑系 B 型罐（07TTJK1：13）　　6. 景德镇窑系 A 型灯盏（07TTJK1：18）

（图四八，1）。

大烟烟锅　2件。标本07TTJK1：4，灰白瓷胎，质地细。直口，叠唇，有领，鼓腹下收呈柱状，残。腹部有一圆孔。口径2.5、腹径3.3、残高5厘米（图四八，2）。标本07TTJK1：5，灰白瓷胎，质地细。直口，叠唇，有领，鼓腹下收呈饼状足。颈肩处和饼形足各有数周凸棱，并套以回纹，腹部有一圆孔。口径3、腹径4.4、通高5.8厘米（图四八，3；彩版五九，2）。

4. 陶器

有大烟烟锅、器盖。

大烟烟锅　1件。标本07TTJK1：8，紫砂陶胎，质地细。鼓腹以上残，鼓腹下收呈饼状足。腹部与饼状足间有数周凹弦线，并套以回纹，腹部残存三戳印记，文字为阳文，由右向左竖读。分别是"谢记寿林"、"假名败□"、"□薄□辨"和一圆孔。足径2.2、腹径4.7、残高4.2厘米（图四八，4；彩版六一）。

器盖　3件。标本07TTJK1：3，泥质灰黑陶，轮制。伞帽形。圆柱状盖纽，盖壁为隆顶平沿，盖沿为方圆唇。纽径1.6、盖径10、通高4.2厘米（图四八，6）。标本07TTJK1：11，泥质灰黑陶，轮制。平顶。圈足状盖纽，弧腹状盖顶，盖沿为方唇。盖顶面施酱黑色釉。盖径9.6、通高1.5厘米（图四八，5）。标本07TTJK1：7，泥质灰黑陶，轮制。碗形。圈足状盖纽，盖壁呈覆碗状，有轮制弦线。纽径5.5、盖径13.4、通高4.9厘米（图四八，7）。

5. 钱币

道光通宝　1枚。标本07TTJK1：12，圆形有郭，方穿。正面钱文楷体，背面满文纪局。直径2.1、方穿边长0.6厘米（图四八，8）。

二、酿酒窖池07TTJK2

（一）位置

07TTJK2位于T2东北角的关键柱，仅揭露出很小部分，余下部分直接被07TTJK1的西北—东南向坑壁和晾堂07TTL1叠压，不便完全揭露。

（二）层位

07TTJK2开口于07TTJK1下，打破生土，坑口距地表70厘米，底深150厘米。

（三）形状与结构

现揭露出的坑口平面呈圆角方形，口大底小，坑口长190、露出宽度25厘米，坑底长95、宽15厘米，深80厘米（图四九）。露出的三面坑壁、坑底用糯米浆、石灰等拌和的三合土修筑，坑壁表面平整。露出的一坑边壁残损，清理时发现用一长110、宽40、厚6厘米的石板抵挡在坑壁边上，一端抵在条石上，另一端用一边长30厘米的方形石墩抵紧。

（四）堆积与包含物

由于被酿酒窖池07TTJK1和石板铺砌的晾堂所叠压，仅露出很少部分，露出部分堆积为深灰色土，夹杂有炭渣、灰烬、石块，并出有极少量暗红色釉陶碎片，大部分尚未揭露，坑内包含物的数量、种类不能确定。

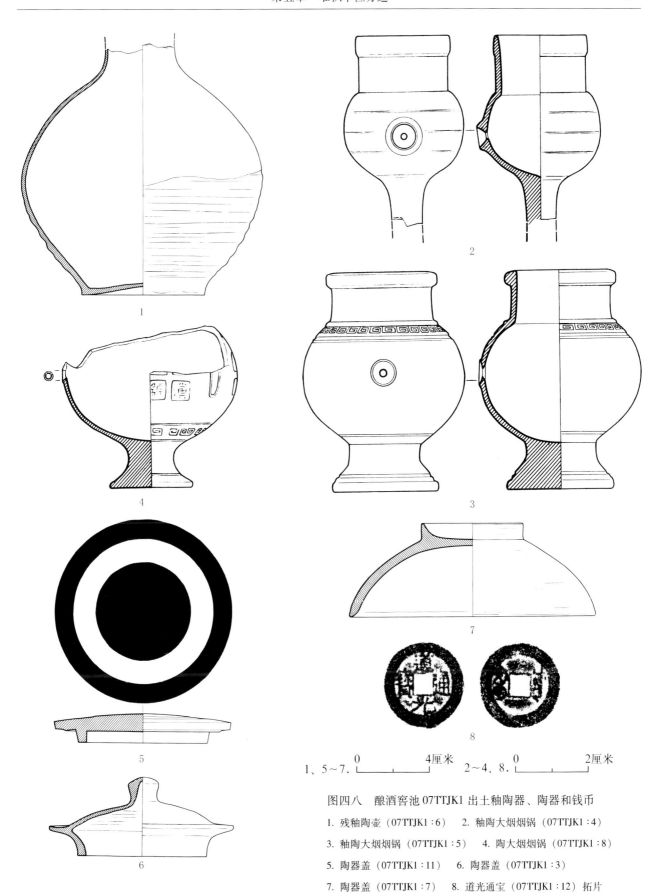

图四八　酿酒窖池07TTJK1出土釉陶器、陶器和钱币

1. 残釉陶壶（07TTJK1：6）　　2. 釉陶大烟烟锅（07TTJK1：4）

3. 釉陶大烟烟锅（07TTJK1：5）　4. 陶大烟烟锅（07TTJK1：8）

5. 陶器盖（07TTJK1：11）　　6. 陶器盖（07TTJK1：3）

7. 陶器盖（07TTJK1：7）　　8. 道光通宝（07TTJK1：12）拓片

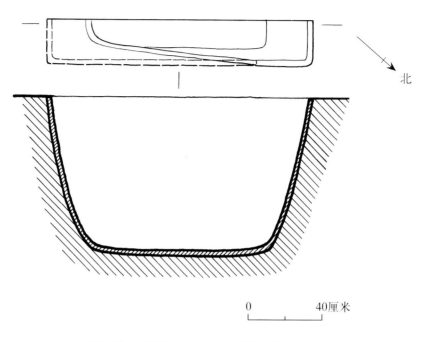

0　　　　　　40厘米

图四九　酿酒窖池 07TTJK2 平剖面图

三、酿酒窖池 07TTJK3

（一）位置

07TTJK3 位于 T1 探方北部偏西端，与西南部开口于同一层位下、编号为 07TTL2 的晾堂相距 210 厘米，与南部的晾堂 07TTL3 相距 360 厘米。

（二）层位

07TTJK3 开口于③层下，打破第④层至生土，坑口距地表 50 厘米，底深 160 厘米，被酿酒窖池 07TTJK1 和晾堂 07TTL1 叠压。

（三）形状与结构

揭露出的坑口平面呈上大底小的圆角长方形，坑口长 150、宽 90 厘米，坑底长 90、宽 60 厘米，深 110 厘米（图五〇）。坑壁厚 5 厘米。底部呈圜底，底部的西南有一直径 30 厘米的圆形环底浅窝，浅窝深 8 厘米，可能与酿制发酵时渗滤黄水有关。整个窖池坑的四壁及底是用糯米浆、石灰等拌合的三合土筑抹建成。

（四）堆积与包含物

坑内填满深灰色土并夹杂褐色炭渣，质地疏松，也有卵石、红沙石板块，坑内出土的文化遗物以地方窑土青花瓷片、景德镇窑系青花瓷片占多数，其次是暗红色釉陶片、少量青灰色釉陶片和极少的酱黄色釉陶片。纹饰以缠枝纹居多，其次是灵芝纹，"寿"字纹也占一定数量，还有朵菊纹、"Ⅲ"字纹。釉陶片均为素面。能辨认出的器形有碗、碟、盘、酒杯、勺、器盖、灯盏、火炉等。

1. 地方窑土青花瓷器

有 E 型Ⅲ式碗、碟、器盖（附表四四、四五）。

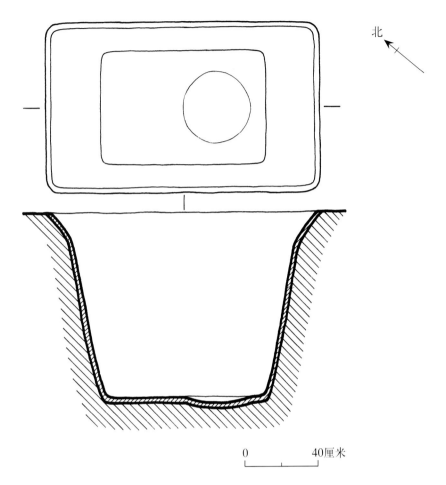

0　　　　40厘米

图五〇　酿酒窖池 07TTJK3 平剖面图

E 型Ⅲ式碗　1 件。标本 07TTJK3：12，灰色瓷胎，质地粗。敞口，尖圆唇，斜腹壁下收，圜平底，圈足为内斜墙外直墙。内壁、底部露胎，外壁饰缠枝状纹。釉料发色泛黄，玻璃釉层薄。口径 11.6、足径 5.2、通高 4.3 厘米（图五一，1）。

碟　1 件。标本 07TTJK3：13，灰色瓷胎，质地粗。敞口，方圆唇，浅斜腹下收，圜平底，内外斜直圈足，斜削尖足。圈足底部中央有一乳突。内壁、底部露胎。外壁饰缠枝花果状纹。釉料发色蓝中泛黄。口径 9、足径 4.8、通高 2.9 厘米（图五一，2）。

器盖　1 件。07TTJK3：3，灰白瓷胎，质地较粗。宽沿帽形盖，平顶，中部有一圆形盖纽。施灰白色釉。盖径 5.4、通高 2.4 厘米（图五一，3）。

2. 景德镇窑系青花瓷器

有 A 型Ⅲ式盘、A 型Ⅳ式酒杯、勺。

A 型Ⅲ式盘　1 件。标本 07TTJK3：11，白瓷胎。收口，尖圆唇，浅斜腹，圜平底，斜削足圈足。盘内壁饰山水状纹，釉色浅蓝泛深蓝。口径 22.5、足径 12.5、通高 4.4 厘米（图五一，5）。

A 型Ⅳ式酒杯　2 件。标本 07TTJK3：16，白瓷胎，胎质细腻，胎薄。收口，方圆唇，斜腹，凹底，圈足。内、外壁施釉，玻璃质釉层薄，透明。錾凿有一"志"字，当为使用者之姓氏。外壁以

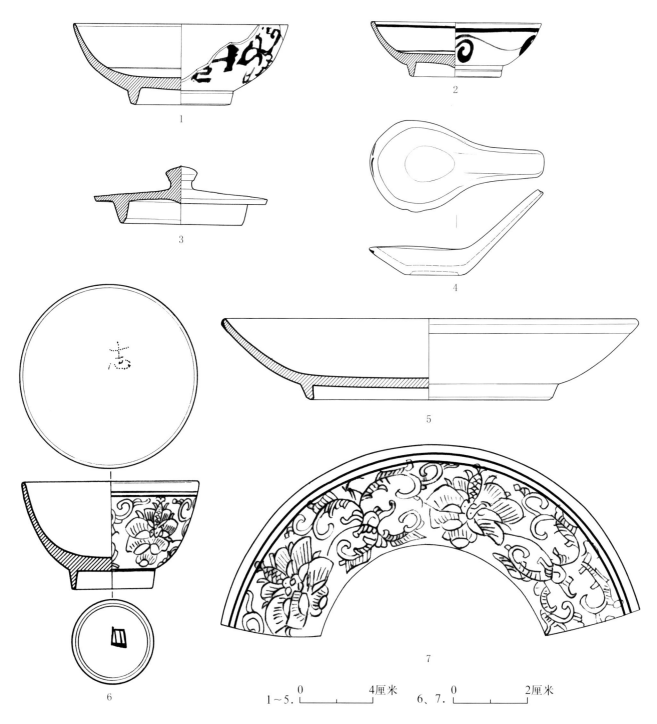

图五一　酿酒窖池 07TTJK3 出土青花瓷器

1. 地方窑 E 型Ⅲ式碗（07TTJK3：12）　　2. 地方窑碟（07TTJK3：13）　　3. 地方窑器盖（07TTJK3：3）

4. 景德镇窑系勺（07TTJK3：1）　　5. 景德镇窑系 A 型Ⅲ式盘（07TTJK3：11）　　6. 景德镇窑系 A 型Ⅳ式酒杯（07TTJK3：16）

7. 景德镇窑系 A 型Ⅳ式酒杯（07TTJK3：16）外壁纹饰展开图

青釉绘画缠枝花卉纹装饰。圈足底有"四"字形方形底款。口径 4.8、足径 2.1、通高 2.8 厘米（图五一，6、7；彩版六二，2）。标本 07TTJK3：17，质地、器形、纹饰、大小与前述完全相同。此型式酒杯还在 07TTjk4 接酒池内有出土。

勺　1 件。标本 07TTJK3：1，粗瓷胎，饰灰白釉。底内凹，露胎，胎色黄泛红。勺池前端以青釉料点彩。釉料发色纯蓝（图五一，4）。

3. 釉陶器

有 A 型灯盏、B 型灯盏、C 型灯盏、大烟烟锅。

A 型灯盏　1 件。标本 07TTJK3：6，暗红色釉陶，质地细密。杯形盛油池，杯池圆唇，斜弧腹，圜底。杯下有一下大上小的长柄状灯柱，灯柱上粘附柄形耳，柱下灯座残。上部饰黄釉，下部露胎。盛油池径 7.4、柱径 3、残高 17.2 厘米（图五二，1；彩版六三，1）。

B 型灯盏　1 件。标本 07TTJK3：4，灰黄色釉陶，质地细密。杯形盛油池，杯池圆唇，斜弧腹，圜底。杯内有一立柱中空置放灯芯。盛油池径 6.8、柱径 1.2、底径 3.5、高 4.7 厘米（图五二，2；彩版六三，2）。

C 型灯盏　1 件。标本 07TTJK3：2，暗红色釉陶，质地细密。宽平盏沿，沿内有凸起的盛油池，中有一圆形中空的灯芯柱，饼形底足。盛油池径 5、盏沿径 8.4、高 1.6 厘米（图五二，3；彩版六四，1）。

4. 陶器

有火炉。

火炉　1 件。07TTJK3：5，夹砂褐红陶，质地粗。火炉膛为折腰形，炉膛内有四根圆形炉桥，炉膛下是束腰形炉座，炉座中空、平底，有一长方形风门，炉膛折腰处应有一对称耳，残一耳。炉膛口径 11.5、腹径 14.5、风门宽 5.4、风门高 5.5、炉座底径 11.3、通高 12.3 厘米（图五二，4；彩版六四，2）。

5. 钱币

乾隆通宝　3 枚。标本 07TTJK3：20，圆形有郭，方穿。正面钱文楷隶字体，背面满文纪局。直径 2.3、方穿边长 0.7 厘米（图五二，5）。标本 07TTJK3：9 同前述。

嘉庆通宝　1 枚。标本 07TTJK3：19，圆形有郭，方穿。正面钱文楷隶字体，背面满文纪局。直径 2.4、方穿边长 0.7 厘米（图五二，6）。

四、酿酒窖池 07TTJK5

（一）位置

07TTJK5 位于 T3 探方东北部，与西南部开口于同一层位下、编号为 07TTjk4 的接酒池相距 40 厘米。窖池的东北壁因接近现生产车间的墙基，同时被川主庙附属建筑墙基条石所压，不便清理，故未能完全揭露。

（二）层位

07TTJK5 开口于③层下，直接被打破③层的川主庙附属建筑的墙基条石叠压，打破第④层至生土。坑口距地表 50 厘米，底深 140 厘米。

（三）形状与结构

揭露出的坑口平面呈圆角长方形，口大底小。露出坑口长 150、宽 45 厘米，坑底长 90、宽 30 厘

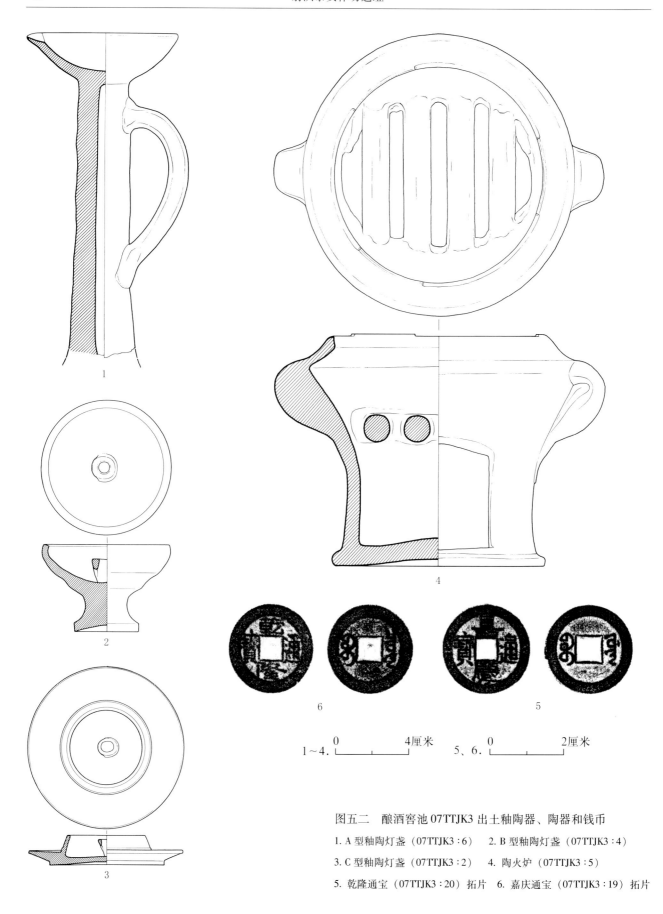

图五二　酿酒窖池 07TTJK3 出土釉陶器、陶器和钱币

1. A 型釉陶灯盏（07TTJK3：6）　　2. B 型釉陶灯盏（07TTJK3：4）

3. C 型釉陶灯盏（07TTJK3：2）　　4. 陶火炉（07TTJK3：5）

5. 乾隆通宝（07TTJK3：20）拓片　　6. 嘉庆通宝（07TTJK3：19）拓片

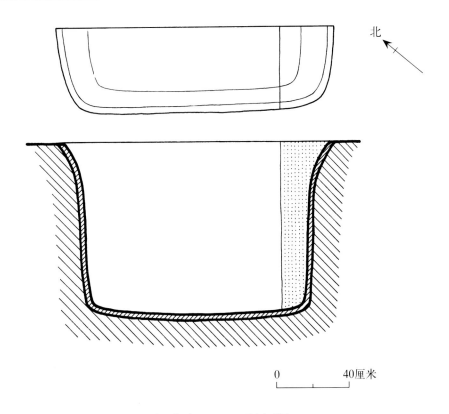

图五三　酿酒窖池07TTJK5平剖面图

米，深90厘米，底部为圜底（图五三）。壁厚4厘米。整个窖池的四壁及底是用糯米浆、石灰等拌合的三合土筑抹建成。

（四）堆积及包含物

坑内填满杂花土，土质呈小块状，并有石块、沙石、动物烧骨、炭渣伴出，出土的文化遗物以地方窑土青花瓷片数量居多，其次是景德镇窑系青花瓷片。瓷片以素面居多，部分饰有朵菊纹、"Ⅲ"字纹和弦纹。器形有碗、品酒杯、壶、钵等（附表四六、四七）。

1. 景德镇窑系青花瓷器

有Aa型Ⅳ式碗。

Aa型Ⅳ式碗　1件。标本07TTJK5：4，白瓷胎。撇口，圆唇，斜腹下收，圜平底，圈足较矮。内壁底中饰灵芝纹，周围饰菊瓣和齿状纹，腹壁施二周弦纹，弦纹间上中下分别饰三层灵芝纹，并在灵芝纹间以斜"S"线纹分隔。外腹壁以一周弦纹分隔，上下饰灵芝纹，并在灵芝纹间以斜"S"线纹分隔。圈足底部有方形底款。口径15.6、足径6.4、通高7.7厘米（图五四，1~3）。

2. 釉陶器

有B型Ⅲ式壶、Ⅱ式钵、品酒杯。

B型Ⅲ式壶　1件。标本07TTJK5：2，暗红色釉陶胎，质地细密。斜直口，方圆唇，有颈，鼓腹，平底。唇沿口部有外凸嘴状流，颈、腹部有一单把耳。施深色酱釉，不及底，露胎。腹部有数周弦纹。口径5.7、腹径9.3、底径6.2、高11.2厘米（图五四，4；彩版六五，2）。

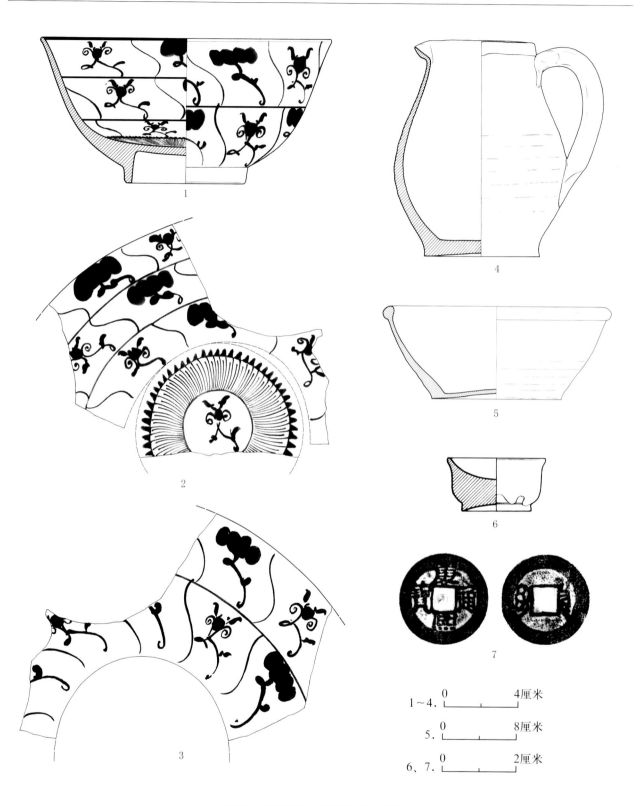

图五四　酿酒窖池 07TTJK5 出土器物

1. 景德镇窑系 Aa 型Ⅳ式青花瓷碗（07TTJK5：4）　　2. 景德镇窑系 Aa 型Ⅳ式青花瓷碗（07TTJK5：4）内壁纹饰展开图

3. 景德镇窑系 Aa 型Ⅳ式青花瓷碗（07TTJK5：4）外壁纹饰展开图　4. B 型Ⅲ式釉陶壶（07TTJK5：2）

5. Ⅱ式釉陶钵（07TTJK5：1）　6. 釉陶品酒杯（07TTJK5：3）　7. 康熙通宝（07TTJK5：7）拓片

Ⅱ式钵　1件。标本07TTJK5：1，褐红色泥陶胎。直口，圆唇，斜弧沿，斜腹，平底。器表有轮制旋痕。口径22.3、底径13.9、高9.8厘米（图五四，5）。

品酒杯　1件。标本07TTJK5：3，黄白瓷胎，质地细密。方圆唇，唇沿外撇，杯池浅凹，杯底为饼足，平底，底厚。内、外壁施翠绿色釉，不及底，外壁下腹至底施黄泛红色化妆土。口径2.6、足径1.8、高1.4厘米（图五四，6；彩版六五，1）。此杯器形很小，杯池极浅，不是日常用的饮酒器具，是为酿酒师调配、勾兑、品尝用酒杯的可能性大。

3. 钱币

康熙通宝　1枚。标本07TTJK5：7，圆形有郭，方穿。正面钱文为楷体字，背面满文布局。直径2.4、方穿边长0.7厘米（图五四，7）。

五、酿酒窖池07TTJK6

（一）位置

07TTJK6位于T6探方东隔梁南部，部分延伸至T2探方的西南角。与开口于同一层位下的灰坑07TTH3紧邻。

（二）层位

07TTJK6开口于⑤层下，打破第⑥层至生土。坑口距地表90厘米，底深154厘米。

（三）形状与结构

揭露出的坑口平面呈圆角长方形，口大底小。露出坑口长180、宽95厘米，坑底长115、宽50厘米，深64厘米，底部为圜平底（图五五）。窖池壁厚6厘米。整个窖池坑的四壁及底是用紫色黏土、河沙、石灰等拌合的三合土筑抹建成。

（四）堆积及包含物

坑内填满沙灰土，并掺杂少量小的黄色黏土块，土质呈颗粒状，结构紧密。伴出的文化遗物主要是地方窑土青花瓷片、景德镇窑系青花瓷片。纹饰有缠枝花卉纹、垂帐纹，有的有点彩装饰。器形有碗、盘、罐、壶等（附表四八、四九）。

1. 地方窑土青花瓷器

有Aa型Ⅲ式碗、B型Ⅱ式碗、C型Ⅱ式碗、A型Ⅱ式盘。

Aa型Ⅲ式碗　1件。标本07TTJK6：13，灰色瓷胎。敞口，卷唇沿，斜腹，圜平底，圈足，内外壁施釉不及底，露胎。玻璃质釉色灰白。碗外壁饰缠枝草叶纹。口径22.3、足径12.8、通高7.6厘米（图五六，1）。

B型Ⅱ式碗　1件。标本07TTJK6：11，灰白瓷胎，胎质细密。敞口，圆唇，斜腹，圜平底，直墙圈足，平足。外腹壁饰朵花、草叶纹。釉料发色深蓝，积釉处泛靛青。口径14、足径7.4、通高4.9厘米（图五六，2）。

C型Ⅱ式碗　1件。标本07TTJK6：12，灰白瓷胎，胎质细密。敞口，方圆唇，斜腹，圜平底，内外墙削足圈足，平足。内壁口沿、近底处各饰二周弦纹。外壁口沿、腹壁处饰以缠枝叶纹。釉料发色深蓝，积釉处泛靛青。口径13.8、足径6.6、通高5.9厘米（图五六，4、5）。

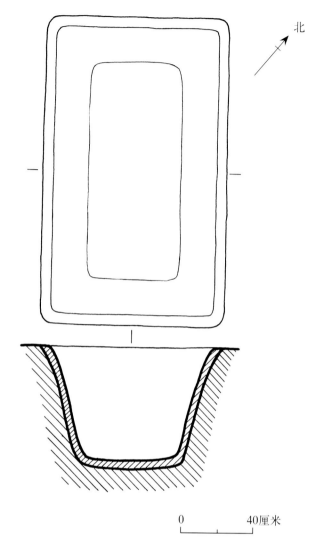

图五五 酿酒窖池07TTJK6平剖面图

A型Ⅱ式盘 1件。标本07TTJK6：10，灰色瓷胎。收口，方圆唇，斜腹，腹增深，圜平底，斜直墙圈足，斜平足。内外壁施釉不及底，露胎。内壁饰朵花勾连纹。口径23.1、足径11.4、通高5.2厘米（图五六，3）。

2. 景德镇窑系青花瓷器

有Aa型Ⅱ式碗、B型Ⅱ式碗、A型Ⅱ式罐。

Aa型Ⅱ式碗 1件。标本07TTJK6：8，灰白瓷胎，胎质细密。口微敞，方唇，唇沿外撇，斜腹下收，圜平底，圈足较矮，削足。圈足粘沙。内壁唇沿、近底处各饰一、二周弦纹，中央饰一折枝花草纹。外壁口沿、腹壁处饰以缠枝花卉纹。釉料发色深蓝，积釉处泛靛青。酱口，铁足。口径12.2、足径5.7、通高6.9厘米（图五七，1）。

B型Ⅱ式碗 2件。标本07TTJK6：9，灰白瓷胎，胎质细密。直口微敞，方尖唇，圆弧腹，圜平底，圈足，削足。内壁唇沿、近底处各饰二周弦纹，底部有点彩装饰，并斩凿有"温"字。外壁口沿、圈足各饰二周淡蓝色弦纹，腹壁饰以鱼纹，并有点彩纹饰。釉料发色浅蓝，积釉处泛深蓝。酱足边。口径7.8、足径3.7、通高4.7厘米（图五八，1）。标本07TTJK6：4，白瓷胎，胎质细密。直口微斜，方尖唇，圆弧腹，平底，直墙圈足，尖足。内壁唇沿、近底处各饰二周弦纹，中央饰折枝花草纹，一高士坐于折枝花干中间呈回首仰望状。外壁口沿饰回形纹、弦纹，腹壁饰朵云、折枝花草、山水、船夫划船等纹饰，有点彩装饰，圈足饰二周弦纹。器表有缩釉形成的针孔状铁锈斑点。釉料发色浅靛蓝，积釉处泛黑。口径12.3、足径5.8、通高6.6厘米（图五七，2、3；彩版六六、六七）。

A型Ⅱ式罐 1件。标本07TTJK6：3，白瓷胎，质地细腻。直口微敛，方唇，高领，斜弧沿，沿面有磨痕，有颈，折肩，弧腹下收，塌底有乳突，圈足。器表肩部以青釉晕染，俯视呈六瓣花纹，腹壁绘折枝花等内容。釉料发色浅蓝，有浓淡层次之分。口径6.3、腹径11.3、足径6.6、通高11.9厘米（图五六，6；彩版六八）。

3. 釉陶器

有B型Ⅱ式壶。

B型Ⅱ式壶 1件。标本07TTJK6：5，釉陶胎，质地细密，朱砂色。斜直口，方圆唇，有颈，鼓腹，平底。唇沿处有一外凸嘴状流，颈肩与下腹部有一带把单耳。器表施灰黄釉，不及底，釉色泛

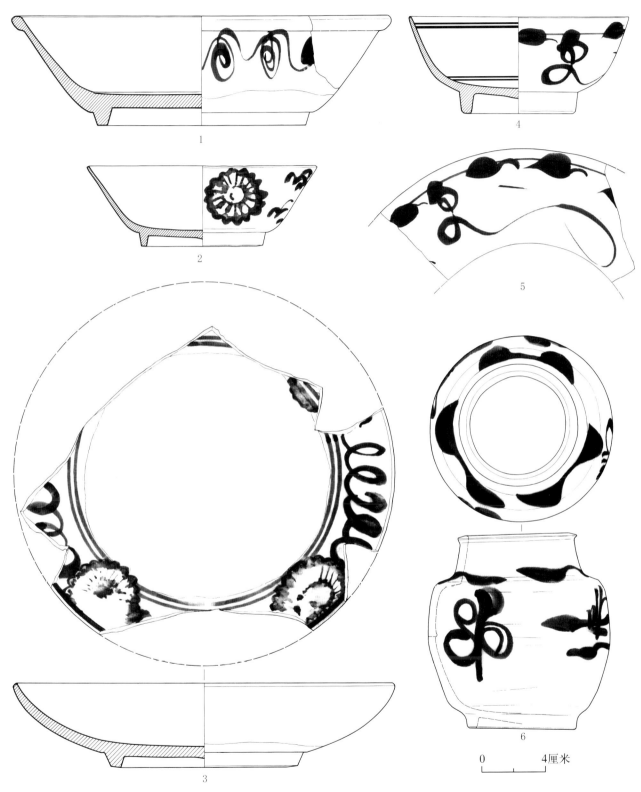

图五六　酿酒窖池07TTJK6出土青花瓷器

1. 地方窑 Aa 型Ⅲ式碗（07TTJK6∶13）　　2. 地方窑 B 型Ⅱ式碗（07TTJK6∶11）　　3. 地方窑 A 型Ⅱ式盘（07TTJK6∶10）　　4. 地方窑 C 型Ⅱ式碗（07TTJK6∶12）　　5. 地方窑 C 型Ⅱ式碗（07TTJK6∶12）外壁纹饰展开图　　6. 景德镇窑系 A 型Ⅱ式罐（07TTJK6∶3）

图五七　酿酒窖池 07TTJK6 出土景德镇窑系青花瓷器

1. Aa 型 Ⅱ 式碗（07TTJK6∶8）　2. B 型 Ⅱ 式碗（07TTJK6∶4）　3. B 型 Ⅱ 式碗（07TTJK6∶4）外壁纹饰展开图

绿。口径 5.6、腹径 10.4、底径 6.7、高 12.1 厘米（图五八，3；彩版六九，1）。

4. 钱币

开元通宝　1 枚。标本 07TTJK6∶6，圆形有郭，方穿。正面钱文为篆隶字体，背面有月形纹。直

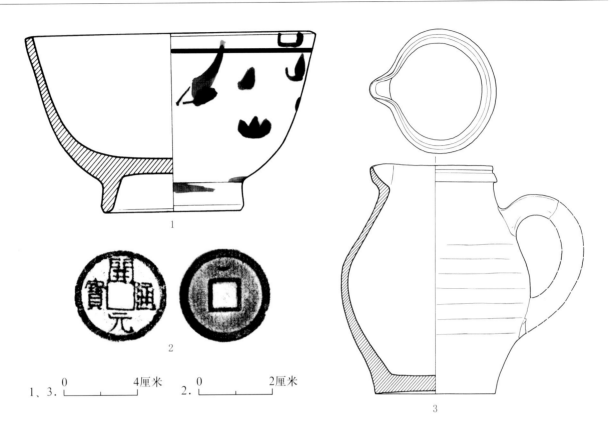

图五八　酿酒窖池 07TTJK6 出土器物

1. 景德镇窑系 B 型 II 式青花瓷碗（07TTJK6：9）　2. 开元通宝（07TTJK6：6）拓片　3. B 型 II 式釉陶壶（07TTJK6：5）

径 2.4、方穿边长 0.8 厘米（图五八，2）。

六、酿酒窖池 07TTJK7

（一）位置

07TTJK7 位于 T4 探方北隔梁和 T5 西南部，部分延伸至 T5 探方的东隔梁。

（二）层位

07TTJK7 开口于⑤层下，打破第⑥层至生土，同时被第⑤层川主庙主体墙基下的排水沟 07TTG1 打破。坑口距地表 90 厘米，底深 190 厘米。

（三）形状与结构

揭露出的坑口平面呈圆角长方形，口大底小。露出坑口长 405、宽 220 厘米，坑底长 290、宽 90 厘米，深 100 厘米，底部为圜平底（图五九）。窖池壁厚 10 厘米。整个窖池的四壁及底是用紫色黏土、河沙、石灰等拌合的三合土筑抹建成。

（四）堆积及包含物

坑内填满黄灰色沙土，质地松软，夹杂砂岩石块、炭渣、动物骨骼。包含的文化遗物主要有地方窑土青花瓷片、景德镇窑系青花瓷片、釉陶片，以及极少量泥质黑灰色陶片。纹饰主要有凤纹、灵芝纹、朵菊纹、寿字纹，釉陶片均为素面。能辨认出的器形有碗、盘、酒杯、罐、钵、壶等（附表五

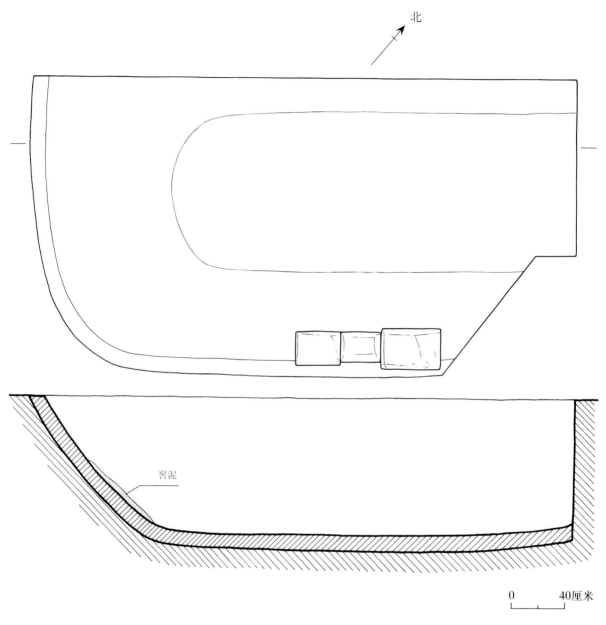

北

窖泥

0 ____ 40厘米

图五九 酿酒窖池 07TTJK7 平剖面图

○、五一）。

1. 地方窑土青花瓷器

有 C 型Ⅲ式碗。

C 型Ⅲ式碗　2 件。标本 07TTJK7：7，灰色瓷胎，胎质细。葵口，圆唇，浅弧腹，圜平底，圈足。内壁唇沿处饰变形锦地纹，釉料晕染状，壁底饰二周弦纹。外腹壁饰蝙蝠、山、草卉纹，圈足底有一周带状纹，圈足底部有一乳突。釉料发色蓝靛中泛黑。口径 14.2、足径 7.1、通高 5.8 厘米（图六○，1、2；彩版六九，2）。标本 07TTJK7：18，质地、形状同前述。外壁饰缠枝叶纹。口径 12.5、足径 6、通高 5.9 厘米（图六一，1、2）。

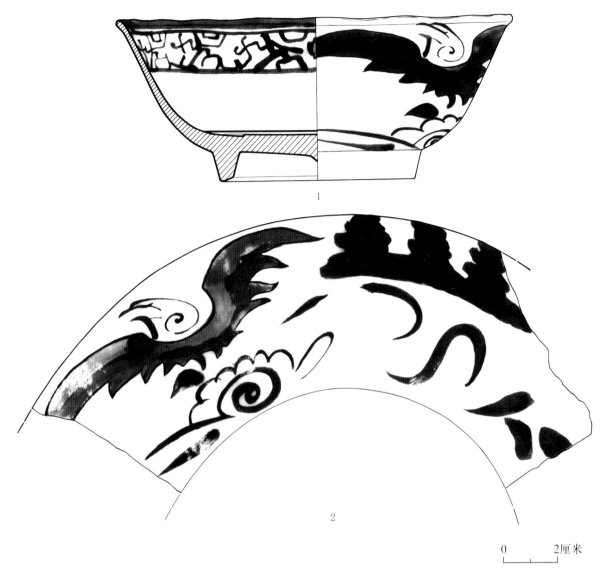

图六〇　酿酒窖池 07TTJK7 出土地方窑 C 型 Ⅲ 式土青花瓷碗

1.07TTJK7：7　2.07TTJK7：7 外壁纹饰展开图

2. 景德镇窑系青花瓷器

有 Aa 型 Ⅲ 式碗、Aa 型 Ⅳ 式碗、C 型碗、Da 型 Ⅱ 式碗、Db 型 Ⅰ 式碗、C 型 Ⅰ 式酒杯、"成"字底款酒杯底、B 型 Ⅱ 式盘。

Aa 型 Ⅲ 式碗　1 件。07TTJK7：22，白瓷胎，胎质细腻。斜直口，方尖唇，唇沿外撇，斜弧腹下收，平底，直墙圈足，圜镯状斜削足。内壁饰青釉穿云龙纹，龙身后半部分翻到外壁，圈足底饰二周弦纹，中央有一折枝花草纹底款。釉料发色深蓝，釉色亮丽。口径 8.6、足径 4.2、通高 3.6 厘米（图六二，1）。

Aa 型 Ⅳ 式碗　1 件。标本 07TTJK7：15，白瓷胎，胎质细腻。撇口，尖圆唇，斜弧腹下收，平底，圜镯状斜削圈足，平足。内壁底饰一周草叶纹，中央饰一折枝花。外壁饰缠枝花卉纹。口径

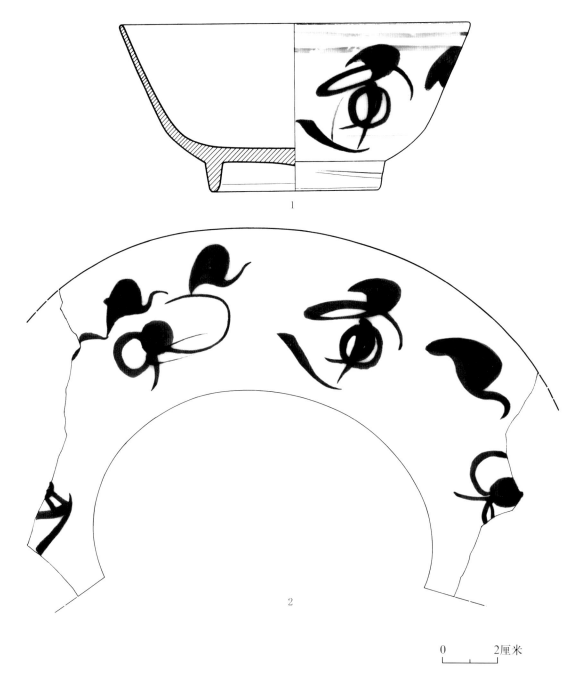

图六一　酿酒窖池07TTJK7 出土地方窑 C 型 Ⅲ 式土青花瓷碗

1. 07TTJK7∶18　2. 07TTJK7∶18 外壁纹饰展开图

9.2、足径4.3、通高4.8厘米（图六二，2）。

C 型碗　2 件。标本 07TTJK7∶11，白瓷胎，质地细腻。方圆唇，平折沿，斜弧腹，平底，外斜削平足，圈足粘沙。内壁底、外壁饰蕉叶纹。釉料发色浅蓝。口径14.5、足径6.3、通高6.5 厘米（图六三，1；彩版七〇）。标本 07TTJK7∶23，白瓷胎，质地细腻。圆唇，唇沿外翻，斜弧腹，圜平底，内外直墙圈足，斜平足，圈足粘沙。内壁饰青釉凤朝牡丹花卉纹。釉料发色浅蓝，釉面光亮。口

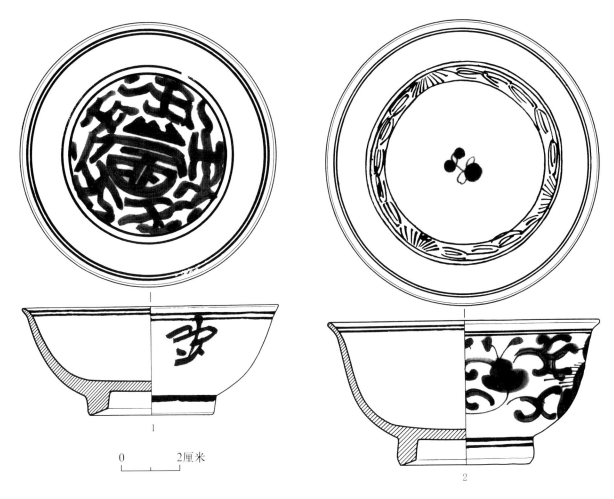

图六二　酿酒窖池 07TTJK7 出土景德镇窑系青花瓷碗

1. Aa 型Ⅲ式（07TTJK7：22）　2. Aa 型Ⅳ式（07TTJK7：15）

径 14、足径 5.3、通高 4.8 厘米（图六三，2；彩版七一）。

Da 型Ⅱ式碗　2 件。标本 07TTJK7：12，白瓷胎，胎质细密。收口，尖圆唇，浅弧腹，圜平底，圈足外墙内敛，里墙外撇，尖平足。内壁底饰二周弦纹，中央饰一折枝花草纹，外壁口沿、腹壁与圈足交接处各饰一周浅淡的弦纹，腹壁绘以兰草、竹、松图案纹饰，圈足底有一周弦纹，中央有一折枝花草纹底款。釉色发色蓝中泛黑。口径 9.6、足径 4、通高 5 厘米（图六四，1、2；彩版七二）。标本 07TTJK7：1，白瓷胎，胎质细腻。收口，浅弧腹下收，圜底，圈足。内壁饰青釉穿云过墙龙纹，龙身后半部分翻到外壁，圈足底饰二周弦纹，中央有一折枝花草纹底款。釉料蓝色泛深，釉色亮丽。口径 11.7、足径 4.9、通高 5.8 厘米（图六五，1；彩版七四、七五）。

Db 型Ⅰ式碗　1 件。标本 07TTJK7：4，白瓷胎，胎质细。斜直口，方圆唇，唇外微凸，浅弧腹，圜平底，外斜削内撇圈足，平足，酱黄圈足边。内壁唇沿、下腹近底处各饰一、二周弦纹，底部中央饰折枝花卉纹，并斩凿有一"康"字，当为使用者之姓氏，壁底饰二周弦纹。外腹壁饰折枝果套有深、浅渐变的珍珠纹。釉料发色蓝中泛靛青。口径 11.4、足径 5.1、通高 5.3 厘米（图六五，2；彩版七八）。

C 型Ⅰ式酒杯　1 件。标本 07TTJK7：21，白瓷胎，胎质细密。撇口，方唇，斜弧腹，圜底，直

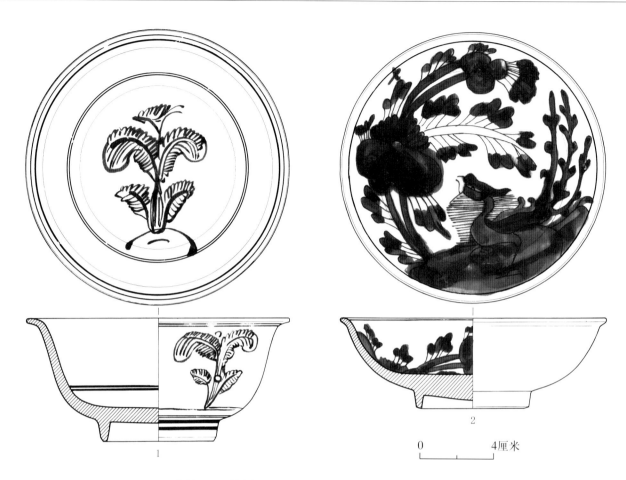

图六三　酿酒窖池07TTJK7出土景德镇窑系C型青花瓷碗

1.07TTJK7∶11　2.07TTJK7∶23

墙圈足，璧环状斜削足。内壁底饰一周草叶纹，中央饰变体鸟纹。外壁饰凤鸟纹。口径6.8、足径3.1、通高3.6厘米（图六四，3；彩版七三）。

"成"字底款酒杯底　1件。标本07TTJK7∶14，白瓷胎，质地细腻。平底，外直墙内墙外撇圈足，尖足。底有"成"字底款。足径3.4厘米（图六四，4；彩版七六，1）。

B型Ⅱ式盘　1件。标本07TTJK7∶2，白瓷胎，质地细腻。斜直口，方圆唇，宽斜折沿，浅腹，平底，圈足，削足，圈足底边黄色。内壁有铁锈斑点，沿面以蓝色釉料晕染，底部绘以行狮过桥等纹饰，率意简练，用数笔表现出狮的动态感。外壁沿边用对称竹节纹装饰，底部有二周弦纹，中部有方形底款。青色釉料发色深浓。口径11.2、足径5.9、通高2.4厘米（图六五，3、4；彩版七六，2；彩版七七）。

3. 釉陶器

有B型Ⅱ式壶、Ⅰ式钵、B型Ⅰ式罐。

B型Ⅱ式壶　1件。标本07TTJK7∶3，暗红色釉陶胎，质地细密。斜直口，圆唇，有颈，鼓腹，平底。口部唇沿处有外凸嘴状流，颈、腹部有一单把耳。器表施酱黄色釉，不及底，露胎。腹部有数周弦痕。口径6.4、腹径11.1、底径7.4、高13.1厘米（图六六，1；彩版七九，1）。

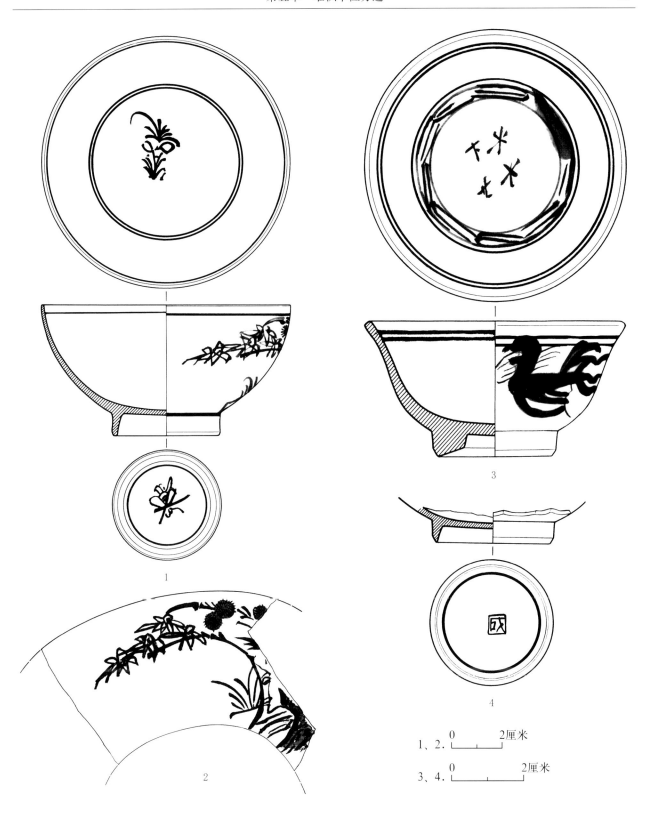

图六四 酿酒窖池 07TTJK7 出土景德镇窑系青花瓷器

1. Da 型 II 式碗（07TTJK7∶12） 2. Da 型 II 式碗（07TTJK7∶12）外壁纹饰展开图

3. C 型 I 式酒杯（07TTJK7∶21） 4. "成"字底款杯底（07TTJK7∶14）

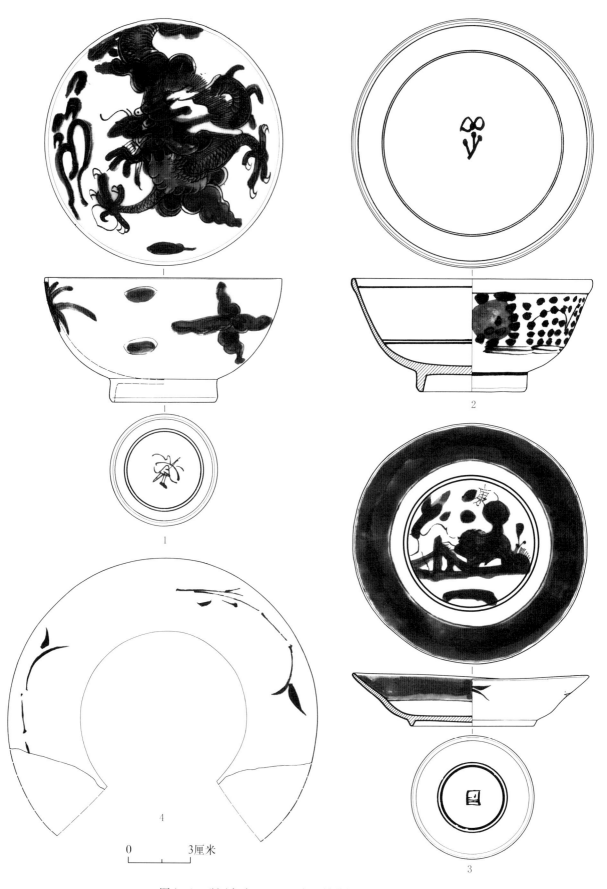

图六五 酿酒窖池 07TTJK7 出土景德镇窑系青花瓷器

1. Da 型 Ⅱ 式碗（07TTJK7：1） 2. Db 型 Ⅰ 式碗（07TTJK7：4） 3. B 型 Ⅱ 式盘（07TTJK7：2）

4. B 型 Ⅱ 式盘（07TTJK7：2）外壁纹饰展开图

图六六　酿酒窖池 07TTJK7 出土器物

1. B 型 II 式釉陶壶（07TTJK7：3）　2. I 式釉陶钵（07TTJK7：24）　3. B 型 I 式釉陶罐（07TTJK7：4）　4. 直口陶罐（07TTJK7：9）　5. 石锤（07TTJK7：10）　6. 康熙通宝（07TTJK7：16）拓片

Ⅰ式钵　1件。标本07TTJK7：24，釉陶胎，暗红色。直口微敞，圆唇，唇外凸，斜直腹壁下收，平底。器表施青釉至上腹壁，不及底，腹壁至底多露胎。腹壁有数周轮制凸棱。口径23、底径13.6、高12.6厘米（图六六，2；彩版七九，2）。

B型Ⅰ式罐　1件。标本07TTJK7：4，釉陶胎，橙红色。大口，圆唇，溜肩，鼓腹，残。器表施酱釉不及底，下腹至底露胎。腹壁有数周轮制凸棱。口径10.3、腹径15.8、底径10、高10.9厘米（图六六，3；彩版八〇，1）。

4. 陶器

有直口罐。

直口罐　1件。标本07TTJK7：9，泥质橙红陶。直口，圆唇，直腹，平底。口径12.7、底径11.6、高11.3厘米（图六六，4；彩版八〇，2）。

5. 石器

锤　1件。标本07TTJK7：10，沙砾岩石质。锤面椭圆形，使用痕迹明显，上端有磨损和碰击点。此器出土于酿酒窖池内，可能与建筑酿酒窖池时作为锤子使用有关。锤面长10.9、宽6.7、高10.5厘米（图六六，5；彩版八一，1）。

6. 钱币

康熙通宝　1枚。标本07TTJK7：16，圆形有郭，方穿。正面钱文楷体字。直径2.4、方穿边长0.6厘米（图六六，6）。

第四节　接酒池

泰安作坊遗址发掘出的遗迹单位中，可初步确定为接酒池的遗迹仅一处，编号为07TTjk4。

（一）位置

07TTjk4位于T3探方东部，部分延伸入本方东隔梁。与东北部开口于同一层位、编号为07TTJK5的酿酒窖池相距40厘米。东北壁因接近现生产车间的墙基，同时被川主庙附属建筑墙基条石所压，不便清理，故未能完全揭露。

（二）层位

07TTjk4开口于③层下，直接被打破第③层的川主庙附属建筑的墙基条石叠压，打破第④层。坑口距地表50厘米，底深102厘米。

（三）形状与结构

07TTjk4揭露出的部分平面接近正方形，露出坑口长75、宽70厘米，坑底长75、宽70厘米，深52厘米，平底（图六七）。坑壁厚3厘米。整个接酒池的四壁及底是用糯米浆、石灰等拌合的三合土筑抹建成。与酿酒窖池07TTJK3、07TTJK5坑壁比较，此接酒池四壁及底部筑抹较薄。

（四）堆积及包含物

坑内填满灰渣、泥土夹杂卵石，质地粗疏。包含的文化遗物主要有地方窑土青花片、景德镇窑系青花瓷片。纹饰主要有朵菊纹、弦纹、"Ⅲ"字纹、灵芝纹、"寿"字纹。器形主要有碗、酒杯、石臼等（附表五二、五三）。

1. 地方窑土青花瓷器

有 B 型Ⅳ式碗。

B 型Ⅳ式碗　1 件。标本 07TTjk4：2，灰色瓷胎，质地粗。敞口，方尖唇，斜腹下收，圜平底，底部乳突明显，直墙圈足，平足。内壁饰鱼纹，底部露胎。外壁饰分组的变形几何纹等。釉料发色泛黄，玻璃质釉层薄。口径 13.8、足径 7、通高 5.2 厘米（图六八，1、2）。

2. 景德镇窑系青花瓷器

有 A 型Ⅳ式酒杯。

A 型Ⅳ式酒杯　2 件。标本 07TTjk4：6，白瓷胎，胎质细腻，胎薄。收口，方圆唇，斜腹，凹底，圈足。内、外壁施釉，玻璃质釉层薄，透明。錾凿有一"志"字，当为使用者之姓氏。外壁以青釉绘画缠枝花卉纹装饰。圈足底有"四"字形方形底款。口径 4.5，足径 1.8、通高 2.3 厘米。标本 07TTjk4：7，与前述酒杯形制、大小、纹饰相同。此型式酒杯还在 07TTJK3 酿酒窖池内有出土。

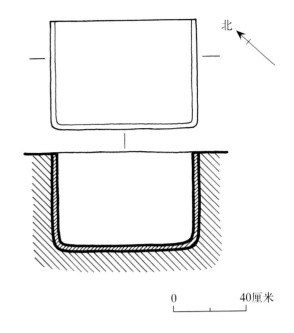

北

0　　　　40厘米

图六七　接酒池 07TTjk4 平剖面图

3. 石器

臼　1 件。标本 07TTjk4：1，石质为灰砂岩。平面呈圆形，臼窝圆形，上大下小，底部已舂有圆形穿孔，石臼凿有一带把耳，表面凸凹不平。外径 16、内径 11.8、壁厚 2.6、残高 12 厘米（图六八，3；彩版八一，2）。

4. 钱币

乾隆通宝　1 枚。标本 07TTjk4：9，圆形有郭，方穿。正面钱文楷隶字体，背面满文纪局。直径 2.1、方穿边长 0.6 厘米（图六八，4）。

第五节　晾　堂

泰安作坊清理出晾堂三处，编号为 07TTL1、07TTL2、07TTL3。

一、晾堂 07TTL1

（一）位置

07TTL1 位于 T2 探方，晾堂东北边与酿酒窖池 07TTJK1 西南壁紧密相连。

（二）层位

07TTL1 露头于②层下，打破第③层，晾堂面距地表 30 厘米，晾堂东北角叠压酿酒窖池

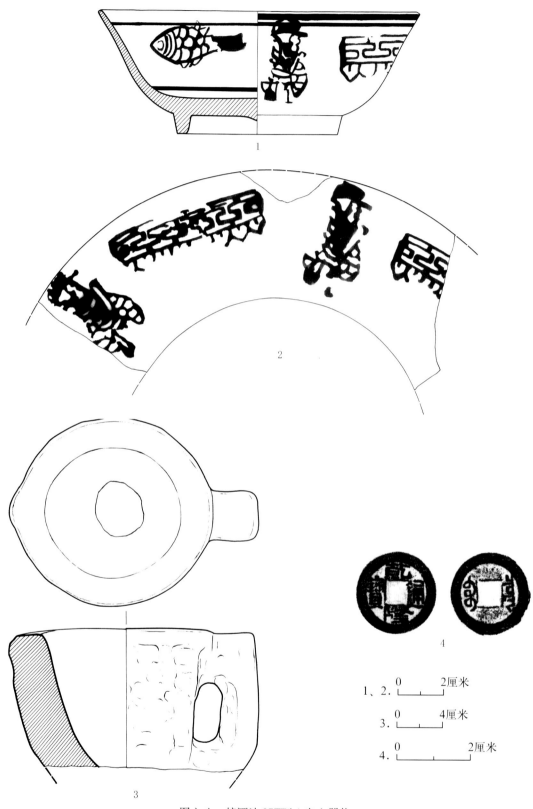

图六八 接酒池 07TTjk4 出土器物

1. 地方窑 B 型Ⅳ式土青花瓷碗（07TTjk4∶2） 2. 地方窑 B 型Ⅳ式土青花瓷碗（07TTjk4∶2）外壁纹饰展开图

3. 石臼（07TTjk4∶1） 4. 乾隆通宝（07TTjk4∶9）拓片

07TTJK2。

（三）形状与结构

07TTL1 揭露出的部分平面呈长方形，长 370、宽 35 厘米，使用大小不同的长方形（或方形）、厚 8 厘米石板计 29 块，错缝平铺，对拼砌实。07TTL1 东北边端、西南边端与川主庙主体墙基相连。

07TTL1 与酿酒窖池 07TTJK1 紧密衔接，开口于同一层位，当属同一时段。

二、晾堂 07TTL2

（一）位置

07TTL2 位于 T2 探方西南角，与东南部开口同一层位下、分布在 T7 探方的晾堂 07TTL3 相距 210 厘米。

（二）层位

07TTL2 露头于③层下，打破第④层，晾堂面距地表 50 厘米。

（三）形状与结构

07TTL2 揭露出的部分平面似圆角方形或长方形，露出部分长 105、宽 125 厘米，晾堂边壁厚 6 厘米，用糯米浆、石灰等拌合的三合土并加入小石子平铺垫筑而成，晾堂边沿凸边。晾堂的西南边与川主庙主墙基相连。

三、晾堂 07TTL3

（一）位置

07TTL3 位于 T7 探方北部偏西，与西北部开口同一层位下、分布在 T2 探方的晾堂 07TTL2 相距 210 厘米。

（二）层位

07TTL3 露头于 T2③层下，打破④层，晾堂面距地表 50 厘米。

（三）形状与结构

07TTL3 揭露出的部分平面似圆角方形或长方形，露出边长 105 厘米，宽 40 厘米，壁厚 6 厘米。用糯米浆、石灰等拌合的三合土并加入小石子平铺垫筑成，晾堂边沿凸边。07TTL3 东南因现代排水沟阻隔不便发掘未被揭露，西南与川主庙主墙基相连。

第六节 水 井

泰安作坊遗址发掘出水井一口，编号为 07TTJ1。

（一）位置

07TTJ1 位于现车间内编号为 5 号的老窖池东端 3 米处，车间通道中。

（二）层位

07TTJ1 井口露头于地面，直接由地表打入地下冒出泉水处的出水层。20 世纪 80 年代因扩产需要，曾在井底内安装水泵抽水共生产使用，可见此井的泉水涌出量很大。现井口高出地表 15 厘米（水井井口原井圈为六边形石井圈，20 世纪 80 年代安装水泵等设备将六边形石井圈取掉后遗失，用条石砌筑密封井口，现井圈为圆形，是后来加装安上的）。

（三）形状与结构

07TTJ1 除井口井圈外，四周六边形井壁与井底完全是原状保存，其保存状况完好。井口直径 70 厘米，平面为六边形井壁，边长约 60 厘米，井壁是用尺寸基本一致、大小规格相同、厚约 30 厘米的条石叠砌成，共 17 层，井口至井底深 530 厘米。

（四）井内堆积

现井底未进行清理，井底内有无历代酿酒生产取水过程遗失或遗弃当时人们使用的生产工具、生活用品，不清楚。至今井内泉水依然清澈、甘冽，暑期酿酒不坏，下雨时不浊，天旱时不沽，尚能用于酿酒和饮用。

第七节　灰　坑

迄至目前仅发现并清理灰坑 3 个，编号为 07TTH1、07TTH2、07TTH3。三个灰坑开口于不同的单位之下，所出包含物多少不一，器物种类也不完全相同。包含物主要有小青瓦片、滴水、亮瓦，青花瓷碗、盘、杯，以及釉陶器中的罐、盆、钵、缸和泥质陶中的盆、缸等残片。

一、灰坑 07TTH1

（一）位置

07TTH1 位于 T1 西南部，坑口东北部分被现车间墙体所压，不便清理。

（二）层位

H1 开口于①层下，打破第②层并叠压 H2。坑口距地表 25 厘米，底深 145 厘米。

（三）形状与结构

坑口平面呈近似圆角长方形，坑壁、坑底无特殊的人工加工痕迹。坑口长 200、宽 150 厘米，坑底长 170、宽 130 厘米，深 120 厘米（图六九）。

（四）堆积与包含物

坑内堆积填满灰渣土，内含大量小青瓦片、炭渣、石块，以及少量的陶瓷片。出土的文化遗物主要有滴水、带双框线朱文底款的瓷片、酱釉酒杯、青花瓷盘等。

1. 地方窑土青花瓷器

有 Ab 型 Ⅱ 式碗。

Ab 型 Ⅱ 式碗　1 件。标本 07TTH1：12，灰白瓷胎。收口，尖圆唇，斜弧腹，平底，圈足内外斜直墙，圆尖足。施白釉，釉色泛黄。口径 14、足径 5.1、通高 5.6 厘米（图七〇，1）。

2. 景德镇窑系青花瓷器

有 A 型 Ⅲ 式盘、C 型 Ⅲ 式酒杯、带底款瓷片。

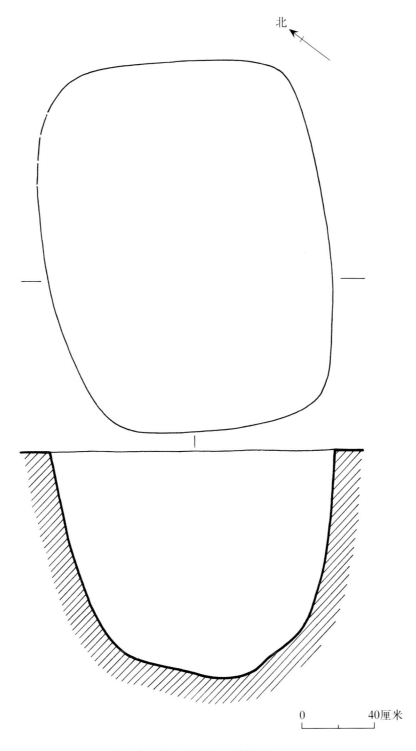

图六九　灰坑 07TTH1 平剖面图

A 型 III 式盘　1 件。标本 07TTH1：4，白瓷胎，质地细腻。收口，尖唇，浅腹，平底，圈足，平足。内壁所绘纹饰可分三层：上层，天空有飞翔的鸟，其次是多重山峦与流水；中层，有一担柴樵夫行走过桥，一人在杆栏式楼阁上，旁边有山石树木，一农夫正牵着水牛走在山间路上；下层，一鱼翁

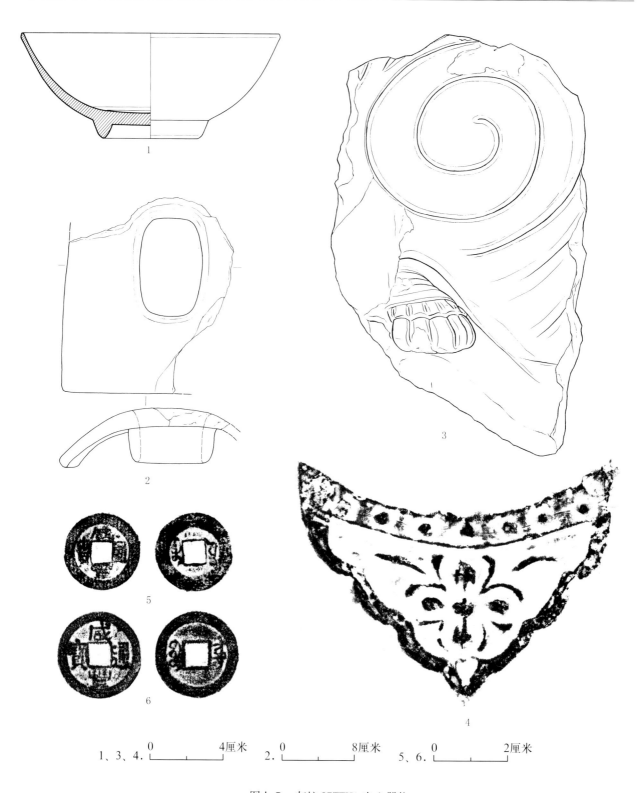

图七〇　灰坑07TTH1 出土器物

1. 地方窑 Ab 型Ⅱ式土青花瓷碗（07TTH1：12）　2. 陶亮瓦（07TTH1：1）　3. 陶兽足（07TTH1：3）

4. 陶滴水（07TTH1：2）拓片　5. 咸丰通宝（07TTH1：10）拓片　6. 咸丰通宝（07TTH1：9）拓片

正在河边垂钓，整幅画面表现出山乡庶民平凡生活。生活意趣浓郁。釉料发色浅蓝，有浓淡层次之分。口径 17.6、足径 10.6、通高 3.2 厘米（图七一；彩版八二；彩版八三，1）。

C 型Ⅲ式酒杯　2 件。标本 07TTH1：5、07TTH1：6，二件完全相同。白瓷胎，质地细腻。撇口，圆唇，唇沿外撇，斜直腹壁，平底，直墙圈足。外壁饰紫酱色釉，内壁及底以鱼藻纹装饰。口径 7.4、足径 3、通高 4.7 厘米（彩版八四）。与酒杯 07TTT1②：9 完全相同。

带底款瓷片　1 件。标本 07TTH1：8，白瓷胎，上有朱红色双边框阳文"朱顺生造"铭文款（彩版八三，2）。

3. 陶器

有亮瓦、滴水、兽足。

亮瓦　1 件。标本 07TTH1：1，泥质灰陶。弧形，中有一圆角长方形孔，是为采光用的亮瓦，残。此瓦应是古建筑川主庙宇废弃残存物（图七〇，2）。

滴水　1 件。标本 07TTH1：2，泥质灰黑陶。滴水当头模印凸起乳钉、花草纹（图七〇，4）。

兽足　1 件。标本 07TTH1：3，泥质灰黑陶。此件兽足残存一足，是为建筑坐脊上的残构件（图七〇，3）。

4. 钱币

咸丰通宝　2 枚。标本 07TTH1：9，圆形有郭，方穿。正面楷体钱文，背满文纪局。直径 2.3、方穿边长 0.6 厘米（图七〇，6）。标本 07TTH1：10，钱文同前述，直径 2.1、方穿边长 0.6 厘米（图七〇，5）。

二、灰坑 07TTH2

（一）位置

07TTH2 位于 T1 西南部，坑口东北部接近现车间墙基，不便清理。

（二）层位

07TTH2 开口于⑤层下，被 07TTH1 叠压，打破第⑥层至生土。坑口距地表 120 厘米，底深 185 厘米。

（三）形状与结构

坑口平面呈近似圆角长方形，坑壁、坑底无特殊的人工加工痕迹。坑口长 180、宽 170 厘米，坑底长 160、宽 150 厘米，深 60 厘米（图七二）。

（四）堆积与包含物

坑内堆积填满含沙较重的深灰土，质地疏松。包含物有较多的釉陶片，少量的地方窑土青花瓷片、景德镇窑系青花瓷片、泥质灰陶片。器形有碗、罐、盆、缸等（附表五四、五五）。

1. 地方窑土青花瓷器

有 A 型Ⅰ式盘。

A 型Ⅰ式盘　1 件。标本 07TTH2：7，灰白瓷胎。收口，方唇，斜弧腹壁，腹增深。斜墙圈足，平足。盘内壁饰团花连续勾连纹，釉色淡。口径 23.8、足径 13.3、通高 5.2 厘米（图七三；彩版八五）。

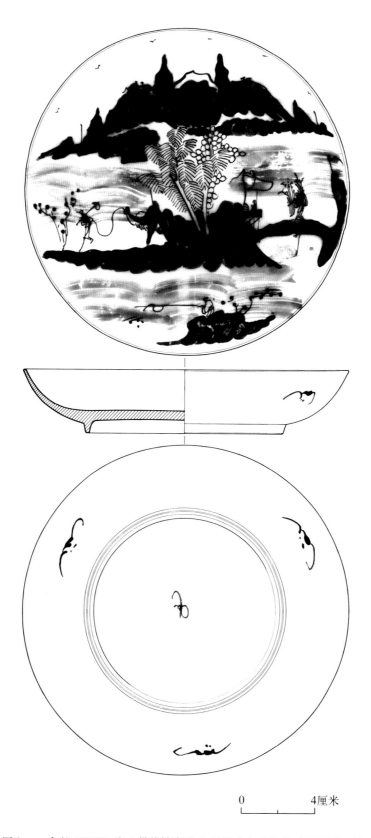

0　　　　　4厘米

图七一　灰坑07TTH1 出土景德镇窑系 A 型Ⅲ式青花瓷盘（07TTH1∶4）

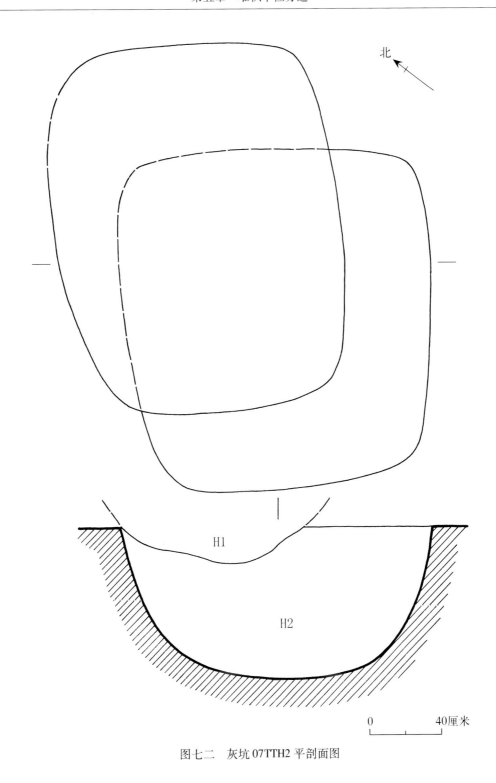

北

H1

H2

0　　　　40厘米

图七二　灰坑 07TTH2 平剖面图

2. 景德镇窑系青花瓷器

有 B 型 I 式盘、A 型 I 式罐。

B 型 I 式盘　1 件。标本 07TTH2∶1，白瓷胎，质地细腻。斜直口，圆唇，宽斜折沿，浅腹，平底，圈足，削足。内壁沿面以淡蓝釉晕染，底部绘结带花卉纹，率意简练，用数笔表现出飘逸的动

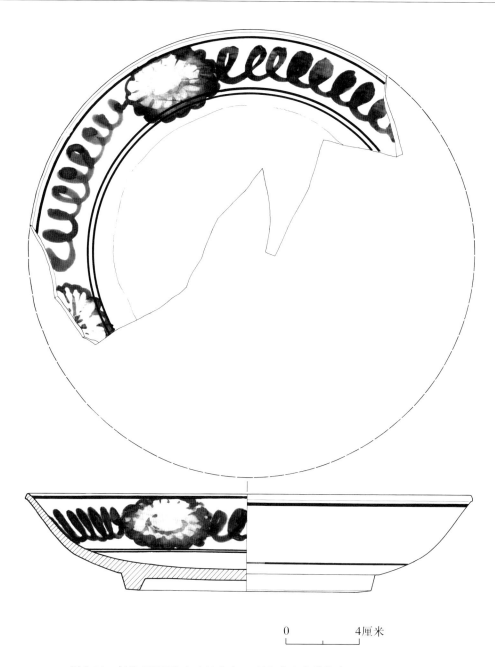

0   4厘米

图七三　灰坑 07TTH2 出土地方窑 A 型 I 式土青花瓷盘（07TTH2：7）

态。外壁沿边用三组结带装饰，底部有朵花底款。青色釉料发色深浓。口径 18、足径 8.9、通高 3 厘米（图七四；彩版八六、八七）。

A 型 I 式罐　1 件。标本 07TTH2：8，白瓷胎，质地细腻。子母口，方唇，鼓肩，弧腹壁下收，圈平底，直墙圈足，平足。器表饰草叶团花纹。口径 9.4、腹径 20.3、足径 10.5、通高 24.9 厘米（图七五，1；彩版八八）。

3. 釉陶器

有 A 型 II 式缸、B 型 I 式缸。

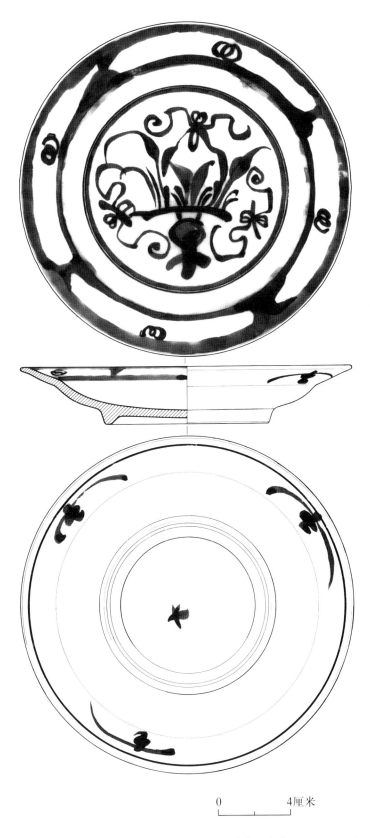

0 ____ 4厘米

图七四　灰坑07TTH2 出土景德镇窑系 B 型 I 式青花瓷盘（07TTH2：1）

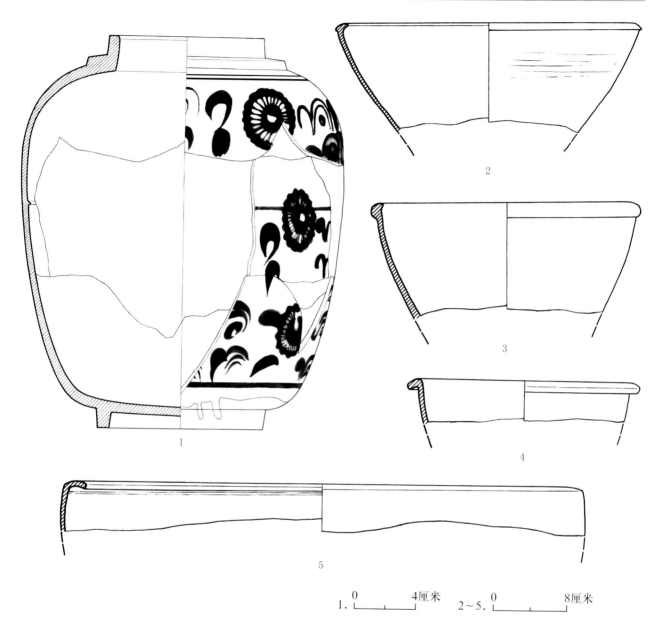

图七五　灰坑07TTH2出土器物

1. 景德镇窑系A型Ⅰ式青花瓷罐（07TTH2：8）　2. 陶钵（07TTH2：5）　3. A型Ⅱ式釉陶缸（07TTH2：4）

4. A型陶盆（07TTH2：6）　5. B型Ⅰ式釉陶缸（07TTH2：3）

A型Ⅱ式缸　1件。标本07TTH2：4，暗红色釉陶胎。直口，平沿，尖圆唇，唇沿渐宽增厚，斜腹壁下收，残。施灰褐色釉。口径26.4厘米（图七五，3）。

B型Ⅰ式缸　1件。标本07TTH2：3，褐红色釉陶胎。敛口，宽折沿，沿内折，方唇，直腹壁，残。施暗褐色釉。口径43.6厘米（图七五，5）。

4. 陶器

有A型盆、钵。

A型盆　1件。标本07TTH2：6，泥质灰黑陶。直口微外侈，方圆唇，折沿，斜腹壁，残。口径

22.4 厘米（图七五，4）。

钵　1 件。标本 07TTH2：5，泥质灰黑陶。敛口，尖圆唇，斜腹壁下收，残。口径 31.2 厘米（图七五，2）。

三、灰坑 07TTH3

（一）位置

07TTH3 位于 T4 北部偏东，坑的西北端紧邻酿酒窖池 07TTJK7。

（二）层位

07TTH3 开口于⑤层下，打破第⑥层至生土。坑口距地表 160 厘米，底深 260 厘米。

（三）形状与结构

坑口平面呈圆角长方形，口大底小，坑壁无特殊加工痕迹。坑口长 186、宽 95 厘米，坑底长 114、宽 30 厘米，深 100 厘米（图七六）。

（四）堆积与包含物

坑内堆积填满含沙较重的深灰土，质地疏松。包含物有较多的釉陶片，少量的地方窑土青花瓷片、景德镇窑系青花瓷片、泥质灰陶片。器形有碗、酒杯、罐、盆、缸等（附表五六、五七）。

1. 景德镇窑系青花瓷器

有 B 型Ⅱ式碗、A 型Ⅲ式酒杯。

B 型Ⅱ式碗　1 件。标本 07TTH3：3，白瓷胎，质地细腻。斜直口，尖圆唇，斜直腹壁下收，平底。内外斜直墙圈足，削斜尖足，底部乳突不明显。内壁口沿、下腹各饰二周弦纹。外壁饰鱼藻点彩纹。口径 12.2、足径 6.1、通高 6.6 厘米（图七七，1、2）。

A 型Ⅲ式酒杯　1 件。标本 07TTH3：1，白瓷胎，质地细腻。斜直口，圆唇，弧腹下收，圜底，圈足，削足。外壁饰青釉"寿"字纹，圈足底有青釉草叶底款，圈足底边酱黄色。釉料发色深蓝。口径 6.7、底径 3、通高 3.8 厘米（图七八，1）。

2. 釉陶器

有 A 型Ⅱ式壶、B 型Ⅲ式壶、Ⅰ式坛、B 型Ⅱ式缸、B 型Ⅱ式罐、纹饰釉陶片。

A 型Ⅱ式壶　1 件。标本 07TTH3：8，暗红色釉陶胎，质地细密。杯形口，圆唇，束颈，斜肩，鼓腹，平底。壶口唇沿有一外凸嘴状流，颈肩与下腹部有一带把单耳。器表施酱釉，不及底，有釉滴，腹部以下露胎。口径 5、腹径 10.2、底径 6.8、高 13.4 厘米（图七七，4；彩版八九，1）。

B 型Ⅲ式壶　1 件。标本 07TTH3：4，褐色釉陶胎，质地细密。斜直口微外敞，圆唇，束颈，斜肩，鼓腹，平底。壶口唇沿有一外凸嘴状流，颈肩与下腹部有一带把单耳。器表施酱红色釉，不及底，有釉滴，腹部以下露胎。口径 5.7、腹径 12.4、底径 8.1、高 14.1 厘米（图七七，3；彩版八九，2）。

Ⅰ式坛　1 件。标本 07TTH3：6，褐色釉陶胎，质地细密。直口，尖唇，斜沿，颈肩处有坛沿，鼓腹，残。器表施酱红色釉（图七八，4）。

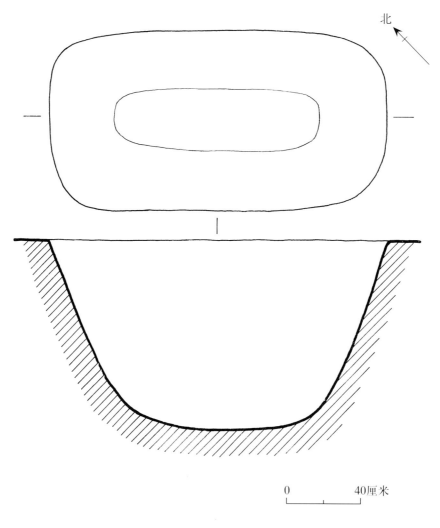

北

0   40厘米

图七六   灰坑07TTH3平剖面图

B 型 II 式缸　1 件。标本 07TTH3：5，褐色釉陶胎，质地细密。敛口，方圆唇，宽折沿，弧沿面，斜直腹壁下收，残。沿下有一圆孔。器表施暗褐色釉。口径 58.6 厘米（图七八，6）。

B 型 II 式罐　1 件。标本 07TTH3：10，暗红色釉陶胎。大口，方圆唇，鼓腹下收，平底。器表施青灰色釉，有轮制旋痕，腹部有二周凹弦纹。口径 22.8、腹径 25.8、底径 16.2、高 15 厘米（图七八，5）。

纹饰釉陶片　1 件。标本 07TTH3：7，褐色釉陶胎，釉陶表面模印有圆形花瓣纹（图七八，3）。

3. 钱币

崇祯通宝　1 枚。标本 07TTH3：19，圆形有郭，方穿，楷体钱文。天启七年铸。直径 2.0、方穿边长 0.5 厘米（图七八，2）。

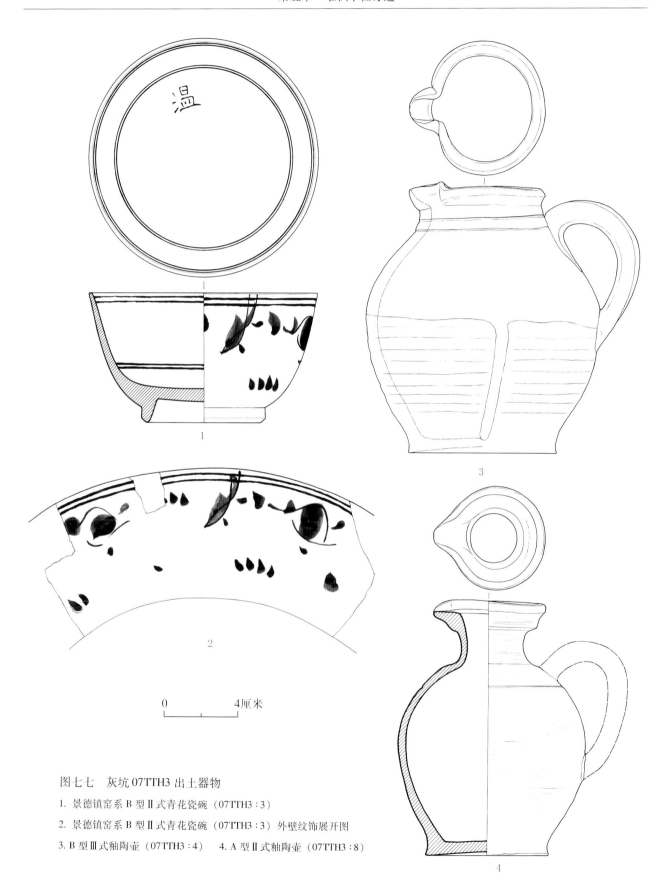

图七七　灰坑07TTH3 出土器物

1. 景德镇窑系 B 型 Ⅱ 式青花瓷碗（07TTH3∶3）

2. 景德镇窑系 B 型 Ⅱ 式青花瓷碗（07TTH3∶3）外壁纹饰展开图

3. B 型 Ⅲ 式釉陶壶（07TTH3∶4）　　4. A 型 Ⅱ 式釉陶壶（07TTH3∶8）

图七八　灰坑07TTH3出土器物

1. 景德镇窑系 A 型Ⅲ式青花瓷酒杯（07TTH3∶1）　2. 崇祯通宝（07TTH3∶19）拓片　3. 纹饰釉陶片（07TTH3∶7）拓片

4. Ⅰ式釉陶坛（07TTH3∶6）　5. B 型Ⅱ式釉陶罐（07TTH3∶10）　6. B 型Ⅱ式釉陶缸（07TTH3∶5）

第六章　遗存分期与年代

　　泰安酿酒作坊遗址文化层堆积及其清理出的各类遗迹，它们在遗址中所处时空范围以及地层或遗迹间的叠压或打破关系，为遗存的分期提供了层位学上的依据，各堆积单位所出各类遗物，它们的种类、组合、型式划分，为遗址分期提供了类型学考察的支撑。据此，可将泰安作坊遗址的各堆积单位初步分为：

　　一组：07TTH2→第⑥层

　　二组：07TTF2→07TTG1→07TTJK6→第⑥层

　　三组：第⑤层→07TTH3→第⑥层

　　　　　↘07TTJK7↗

　　　　　│—07TTJK3—│

　　　　　│—07TTL2—│

　　　　　│—07TTL3—│

　　　　　│—07TTF1—│

　　四组：第③层→│—07TTjk4—│→第④层→第⑤层

　　　　　　　　　│—07TTJK5—│

　　五组：第①层→07TTH1→第②层→07TTJK1→07TTL1→07TTJK2

　　以上五组关系，涉及 6 个地层、14 个遗迹单位，出土器物参见附表五八。依据五组单位所在层位和各单位出土器物组合、器物型式变化，可得出五组单位的时间段，分别为 1～5 段，即：

　　1 段：以 07TTH2、第⑥层为代表的单位，打破生土。

　　2 段：以 07TTJK6 为代表的单位，打破生土。

　　3 段：以第⑤层、07TTH3、07TTJK7 为代表的的单位，打破生土。

　　4 段：以第③层、07TTL2、07TTL3、07TTJK3，07TTjk4、07TTJK5、第④层为代表的单位。

　　5 段：以 07TTH1、第②层、07TTL1、07TTJK1、07TTJK2 为代表的单位。

　　从附表五八中可以看出每一时段的代表性器物。

　　1 段：主要有地方窑土青花瓷器中的 Aa 型Ⅰ式碗、Aa 型Ⅱ式碗、Aa 型Ⅲ式碗、B 型Ⅰ式碗、C 型Ⅰ式碗、C 型Ⅱ式碗、A 型Ⅰ式盘；景德镇窑系青花瓷器中的 Aa 型Ⅰ式碗、Aa 型Ⅱ式碗、B 型Ⅰ式碗、A 型Ⅰ式酒杯、A 型Ⅱ式酒杯、B 型Ⅰ式酒杯、B 型Ⅱ式酒杯、B 型Ⅰ式盘、A 型Ⅰ式罐；釉陶器中的 A 型Ⅰ式壶、B 型Ⅰ式壶、盆、A 型Ⅰ式缸、A 型Ⅱ式缸、B 型Ⅰ式缸、C 型Ⅰ式罐、D 型罐、Ⅰ式管状流、团花瓣纹釉陶片；陶器中的 A 型盆、B 型盆、钵、Ⅰ式壶、器耳；石器中的圆饼形器以及钱币中的开元通宝。

2 段：主要有地方窑土青花瓷器中的 Aa 型Ⅲ式碗、B 型Ⅱ式碗、C 型Ⅱ式碗、A 型Ⅱ式盘；景德镇窑系青花瓷器中的 Aa 型Ⅱ式碗、B 型Ⅱ式碗、A 型Ⅱ式罐；釉陶器中的 B 型Ⅱ式壶；钱币中的开元通宝。

3 段：主要有地方窑土青花瓷器中的 Ab 型Ⅰ式碗、B 型Ⅲ式碗、B 型Ⅳ式碗、C 型Ⅲ式碗、C 型Ⅳ式碗、D 型Ⅰ式碗、E 型Ⅰ式碗、E 型Ⅱ式碗、E 型Ⅲ式碗、A 型Ⅰ式盘、A 型Ⅱ式盘、C 型Ⅲ式碗；景德镇窑系青花瓷器中的 Aa 型Ⅲ式碗、Aa 型Ⅳ式碗、Ab 型Ⅰ式碗、Ab 型Ⅱ式碗、B 型Ⅱ式碗、B 型Ⅲ式碗、C 型碗、Da 型Ⅰ式碗、Da 型Ⅱ式碗、Da 型Ⅲ式碗、Db 型Ⅰ式碗、Db 型Ⅱ式碗、A 型Ⅰ式盘、B 型Ⅱ式盘、A 型Ⅲ式酒杯、B 型Ⅲ式酒杯、C 型Ⅰ式酒杯、C 型Ⅱ式酒杯、"成"字底款酒杯底、壶、勺；釉陶器中的 A 型Ⅱ式缸、B 型Ⅱ式缸、A 型Ⅰ式罐、A 型Ⅱ式罐、A 型Ⅲ式罐、B 型Ⅰ式罐、B 型Ⅱ式罐、B 型Ⅲ式罐、C 型Ⅱ式罐、Ⅱ式管状流、A 型Ⅱ式壶、B 型Ⅱ式壶、B 型Ⅲ式壶、Ⅰ式钵、Ⅰ式罈、纹饰釉陶片；陶器中的 A 型盆、直口罐；石器和铜器及钱币有石锤、铜勺柄、铜圈足以及康熙通宝、崇祯通宝。

4 段：主要有地方窑土青花瓷器中的 Ab 型Ⅰ式碗、Ac 型碗、B 型Ⅳ式碗、C 型Ⅳ式碗、D 型Ⅱ式碗、E 型Ⅱ式碗、E 型Ⅲ式碗、A 型Ⅰ式盘、A 型Ⅱ式盘、碟、器盖；景德镇窑系青花瓷器中的 Aa 型Ⅰ式碗、Aa 型Ⅳ式碗、Ab 型Ⅲ式碗、Db 型Ⅲ式碗、E 型碗、A 型Ⅱ式盘、A 型Ⅲ式盘、B 型Ⅱ式盘、C 型Ⅰ式盘、A 型Ⅳ式酒杯、B 型Ⅲ式酒杯、B 型Ⅳ式酒杯、勺；釉陶器中的 A 型Ⅲ式缸、A 型Ⅳ式缸、B 型Ⅲ式缸、B 型Ⅳ式缸、A 型Ⅲ式壶、B 型Ⅲ式壶、C 型壶、A 型Ⅱ式罐、A 型Ⅲ式罐、A 型Ⅳ式罐、残罐底、碟、品酒杯、Ⅱ式钵、A 型灯盏、B 型灯盏、C 型灯盏、Ⅱ式罈、大烟烟锅；陶器中的灯盏、杯、火炉、Ⅰ式壶、Ⅱ式壶；石器中的石臼和钱币中的崇祯通宝、康熙通宝、乾隆通宝、嘉庆通宝。

5 段：主要有地方窑土青花瓷器中的 Ab 型Ⅰ式碗、Ab 型Ⅱ式碗、B 型Ⅴ式碗、E 型Ⅲ式碗、A 型Ⅲ式盘、B 型盘、碟；景德镇窑系青花瓷器中的 B 型Ⅳ式酒杯、B 型Ⅴ式酒杯、C 型Ⅲ式酒杯、A 型Ⅲ式盘、C 型Ⅱ式盘、A 型Ⅲ式罐、B 型罐、A 型灯盏、勺、带底款瓷片；釉陶器中的残壶、A 型Ⅱ式罐、大烟烟锅、擂钵、器盖；陶器中的残壶、直腹罐、器盖、大烟烟锅、器盖、亮瓦、滴水、兽足；钱币中的道光通宝、咸丰通宝；铁器中的铁矛。

附表五八 1～5 段所出地方窑土青花瓷器、景德镇窑系青花瓷器、釉陶器、陶器的种类、型式和组合变化，可作为区别 5 个时段的时间刻度，其间没有缺环，如果我们进一步将它总结归纳与概括，可得出附表五九泰安作坊遗址器物分期表和泰安作坊遗址器物分期（图七九）。依据各堆积单位的层位，出土各类质地的器物、数量、型式变化和出土钱币，将泰安作坊遗址分成二期 5 段可能更接近遗址堆积形成时间的客观情况，在此基础上初步得出泰安作坊遗址各期特征与大致年代。

一期：包括属本期 1 段的 07TTT1⑥层、07TTT2⑥层、07TTT3⑥层、07TTT4⑥层、07TTT5⑥层、07TTT6⑥层、07TTH2 等单位，属本期 2 段的 07TTJK6 等单位。本期的酿酒窖池平面呈圆角长方形，口大底小，用紫色黄泥、很少量石灰、沙拌合筑成，窖池容积较小。属这一期的灰坑只有 07TTH2，其坑口平面呈近似圆角长方形，坑壁、坑底无特殊的人工加工痕迹。本期出土的地方窑土青花瓷器包括 Aa 型Ⅰ式碗、Aa 型Ⅱ式碗、Aa 型Ⅲ式碗、B 型Ⅰ式碗、B 型Ⅱ式碗、C 型Ⅰ式碗、C 型Ⅱ式碗、A 型Ⅰ式盘、A 型Ⅱ式盘；景德镇窑系青花瓷器包括 Aa 型Ⅰ式碗、Aa 型Ⅱ式碗、B 型Ⅰ式碗、B 型Ⅱ式碗、B 型Ⅰ式盘、A 型Ⅰ式酒杯、A 型Ⅱ式酒杯、B 型Ⅰ式酒杯、B 型Ⅱ式酒杯、A 型Ⅰ式罐、A 型Ⅱ式罐；釉陶器包括 A 型Ⅰ式缸、A 型Ⅱ式缸、B 型Ⅰ式缸、C 型Ⅰ式罐、D 型罐、A 型Ⅰ式壶、B 型Ⅰ式壶、B 型Ⅱ式壶等；陶器包括Ⅰ式壶等。现仅以景德镇窑系青花瓷器为例，其中如 Aa 型Ⅰ式碗、Aa 型Ⅱ式碗、B 型Ⅰ式碗，其酱口，铁足，粘沙，鸡心底等特点均有明代洪武年间瓷器的风格，B 型Ⅰ式盘（07TTH2：1）结带花篮纹和釉料泛深的特征具有明宣德瓷器的风格。因此，属一期 1 段的泰安作房遗址第⑥层、灰坑 07TTH2 的时代约当在明代初期洪武至宣德年间。景德镇窑系青花瓷器中的 B 型Ⅱ式碗（07TTJK6：4）、A 型Ⅱ式罐（O7TTJK6：3）等器物形制与纹饰具有明弘治时期的风格，故属一期 2 段的酿酒窖池 07TTJK6 的时代约在明代中期。地方窑土青花瓷器中碗、盘类的圈足底均无釉，多有削痕，器物胎、底厚，具为前圈足等，这些特点均是明代早中期民窑土青花瓷器的特征。

　　二期：包括属本期 3 段的 07TTT1 ⑤层、07TTT2 ⑤层、07TTT3 ⑤层、07TTT4 ⑤层、07TTH3、07TTJK7 诸单位，属本期 4 段的 07TTT1 ④层、07TTT2 ④层、07TTT3 ④层、07TTT4 ④层、07TTJK5、07TTjk4、07TTL3、07TTL2、07TTJK3、07TTJK2、07TTF1、07TTF2、07TTT1 ③层、07TTT2 ③层、07TTT3③层、07TTT4③层诸单位；属本期 5 段的 07TTJK1、07TTL1、07TTT1 ②层、07TTT2 ②层、07TTT3②层、07TTT4②层、07TTH1 诸单位。本期的酿酒窖池有用紫色黄泥加少量石灰、沙拌合筑成的（07TTJK7），有用石灰三合土筑成的（07TTJK3、07TTJK5），有用条石做窖池坑壁的（07TTJK1），窖池的容积、规模、深度均大于一期；晾堂有石板铺筑（07TTL1）和三合土加小石铺筑（07TTL2、07TTL3）二种；灰坑有狭长形（07TTH3）、方圆形（07TTH1）两种；建筑基址用条石筑砌（07TTF1、07TTF2），石墙基上残存有少量墙砖。本期出土的地方窑土青花瓷器包括 Ab 型Ⅰ式碗、Ab 型Ⅱ式碗、Ac 型碗、B 型Ⅲ式碗、B 型Ⅳ式碗、B 型Ⅴ式碗、C 型Ⅲ式碗、C 型Ⅳ式碗、D 型Ⅰ式碗、D 型Ⅱ式碗、E 型Ⅰ式碗、E 型Ⅱ式碗、E 型Ⅲ式碗、A 型Ⅰ式盘、A 型Ⅱ式盘、A 型Ⅲ式盘、B 型盘；景德镇窑系青花瓷器包括 Aa 型Ⅲ式碗、Aa 型Ⅳ式碗、Ab 型Ⅰ式碗、Ab 型Ⅱ式碗、Ab 型Ⅲ式碗、B 型Ⅱ式碗、B 型Ⅲ式碗、C 型碗、Da 型Ⅰ式碗、Da 型Ⅱ式碗、Da 型Ⅲ式碗、B 型Ⅲ式碗、Db 型Ⅰ式碗、Db 型Ⅱ式碗、Db 型Ⅲ式碗、E 型碗、A 型Ⅰ式盘、A 型Ⅱ式盘、A 型Ⅲ式盘、B 型Ⅱ式盘、A 型Ⅲ式酒杯、A 型Ⅳ式酒杯、B 型Ⅲ式酒杯、B 型Ⅳ式酒杯、B 型Ⅴ式酒杯等；釉陶器包括 A 型Ⅱ式缸、A 型Ⅲ式缸、A 型Ⅳ式缸、B 型Ⅱ式缸、B 型Ⅲ式缸、B 型Ⅳ式缸、A 型Ⅱ式罐、A 型Ⅲ式罐、A 型Ⅳ式罐、B 型Ⅰ式罐、B 型Ⅱ式罐、B 型Ⅲ罐、A 型Ⅱ式壶、A 型Ⅲ式壶、B 型Ⅱ式壶、B 型Ⅲ式壶、Ⅱ式钵等；陶器包括Ⅰ式壶、Ⅱ式壶、直口罐、建筑构件等。以景德镇窑系青花瓷器为例，如 B 型Ⅱ式碗（07TTH3：3、07TTT2⑤：1）、Db 型Ⅰ式碗（07TTJK7：4）、Da 型Ⅱ式碗（07TTJK7：1）、B 型Ⅱ式盘（07TTT2⑤：3、07TTJK7：2）、C 型Ⅰ式酒杯（07TTJK7：21）、A 型Ⅲ式酒杯（07TTH3：1）等器物中的酱口铁足，竹节纹装饰盘沿，过墙龙纹等特点是清初康、雍时期瓷器的风格，并出土"康熙通宝"（07TTJK7：16）等钱币。因此属二期 3 段的灰坑 07TTH3、酿酒窖池 07TTJK7 和遗址第⑤层的年代约在清代初期的康、雍之际。在属此时段的酿酒窖池 07TTJK7 中还出土

时代	分期	分段	质地 器类 型式	地 方 窑 土		
				碗		
				Aa型	Ab型	B型
明代	一期	1段		I 式（T3⑥：1） II式（T4⑥：7） III式（T3⑥：2）		I 式（T2⑥：2）
		2段		III式（JK6：13）		II式（JK6：11）
清代	二期	3段			I 式(T1⑤：20)	III式（T2⑤：13） IV式（T2⑤：9）
		4段			I 式（T1③：1）	IV式（jk4：2）
		5段			II式（JK1：1）	V式（T2②：4）

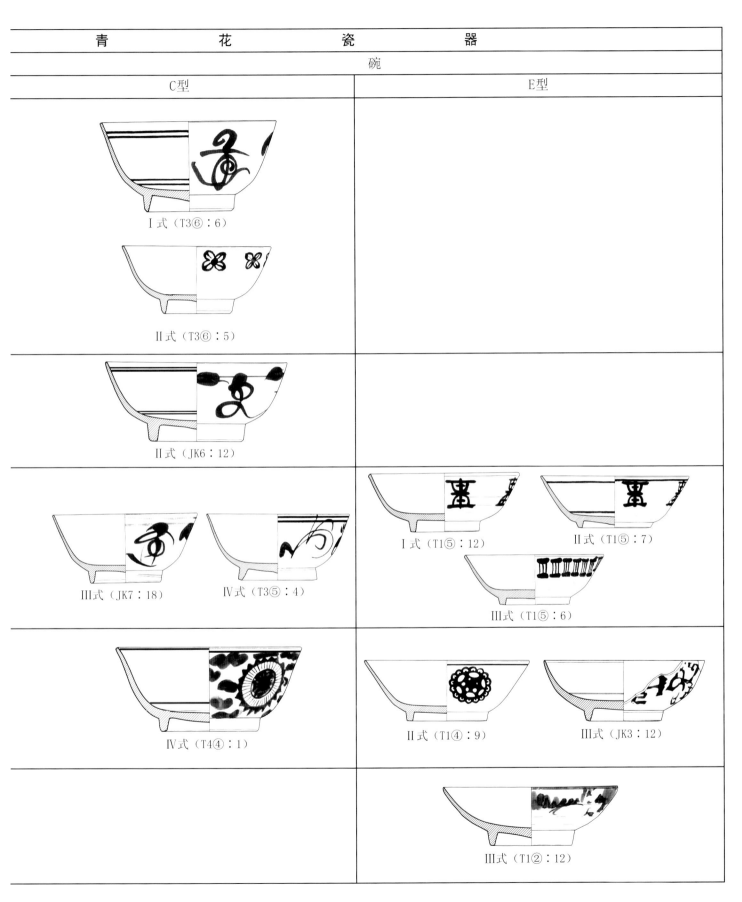

青 花 瓷 器	
碗	
C型	E型

I式（T3⑥：6）

II式（T3⑥：5）

II式（JK6：12）

III式（JK7：18）　　IV式（T3⑤：4）

I式（T1⑤：12）　　II式（T1⑤：7）

III式（T1⑤：6）

IV式（T4④：1）

II式（T1④：9）　　III式（JK3：12）

III式（T1②：12）

分期图

时代	分期	分段	景 德 镇 窑		
			碗		
			Aa型	B型	Db型
明代	一期	1段	I式（T4⑥：1） II式（T4⑥：2）	I式（T4⑥：9）	
		2段	II式（JK6：8）	II式（JK6：4）	
清代	二期	3段	III式（T1⑤：23） IV式（JK7：15）	II式（T2⑤：1） III式（T3⑤：2）	I式（JK7：4） II式（T4⑤：2）
		4段	IV式（JK5：4）		III式（T3③：8）
		5段			

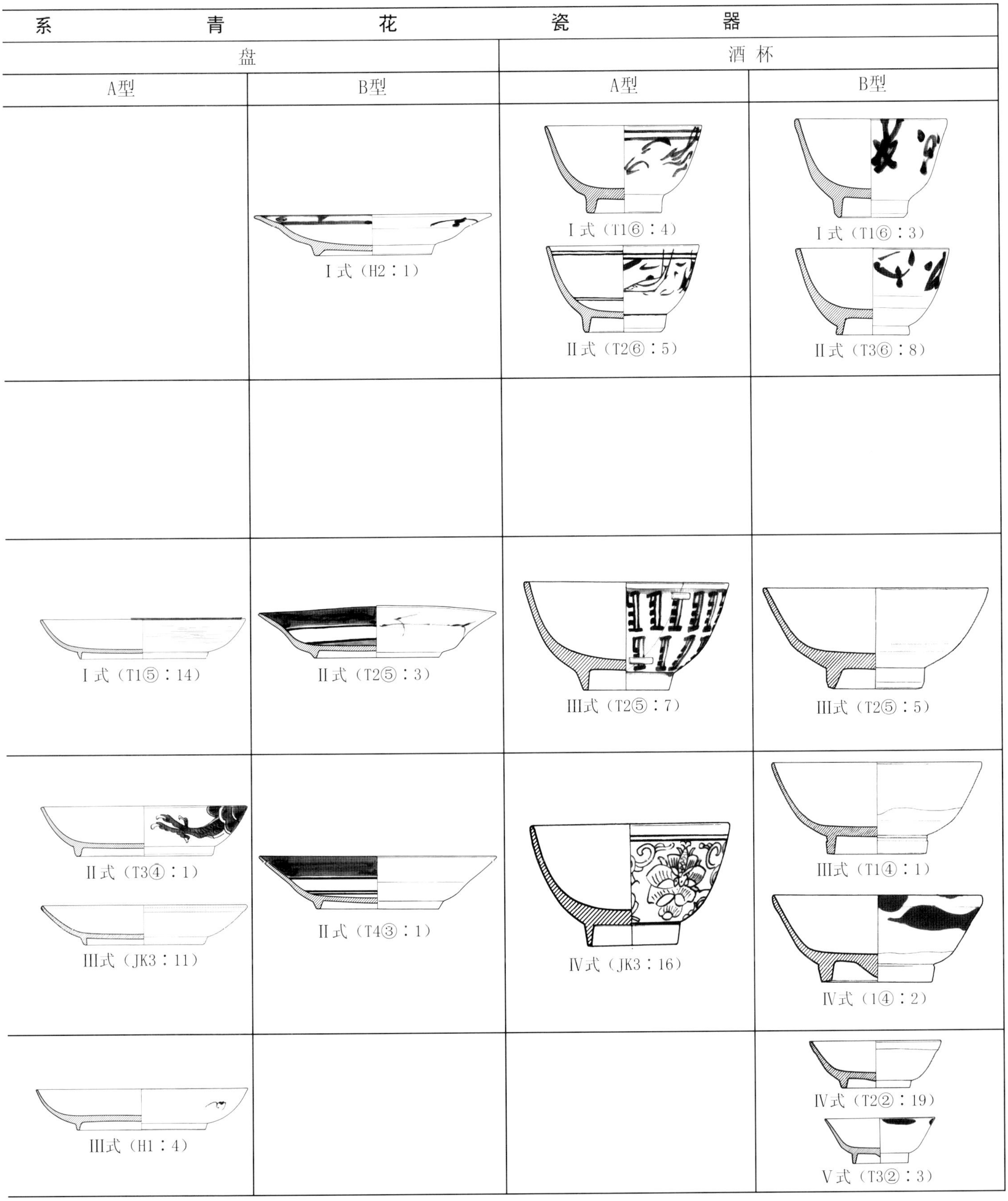

系	青	花	瓷	器
盘			酒 杯	
A型	B型	A型	B型	

I式（H2：1）

I式（T1⑥：4）　II式（T2⑥：5）

I式（T1⑥：3）　II式（T3⑥：8）

I式（T1⑤：14）　II式（T2⑤：3）

III式（T2⑤：7）

III式（T2⑤：5）

II式（T3④：1）　III式（JK3：11）

II式（T4③：1）

IV式（JK3：16）

III式（T1④：1）　IV式（1④：2）

III式（H1：4）

IV式（T2②：19）　V式（T3②：3）

分期图

时代	分期	分段	质地 器类 型式	釉		陶	
				缸		罐	
				A型	B型	A型	B型
明	一	1段		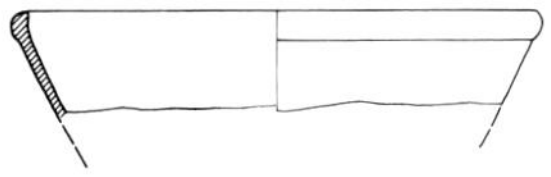 I式（T2⑥：10） 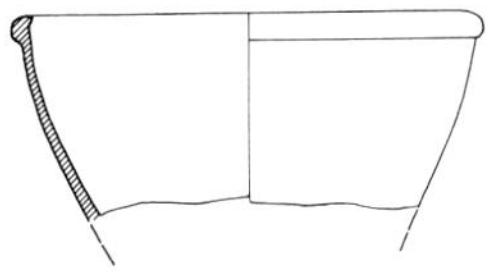 II式（H2：4）	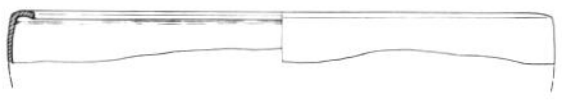 I式（H2：3）		
代	期	2段					
清	二	3段		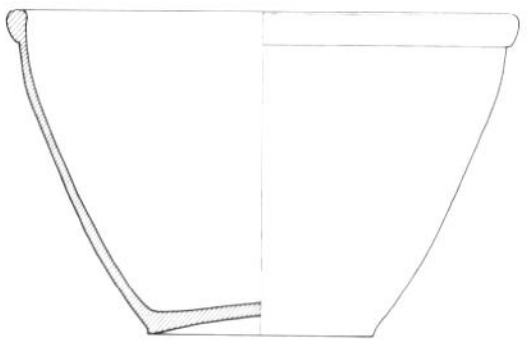 II式（T3⑤：20）	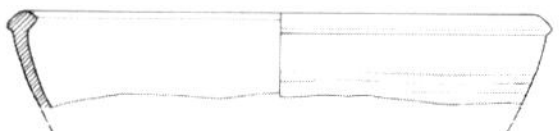 II式（T3⑤：14）	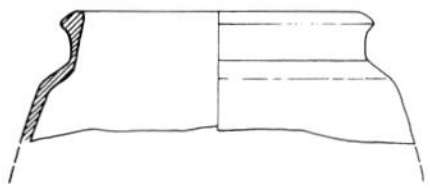 I式（T1⑤：25） 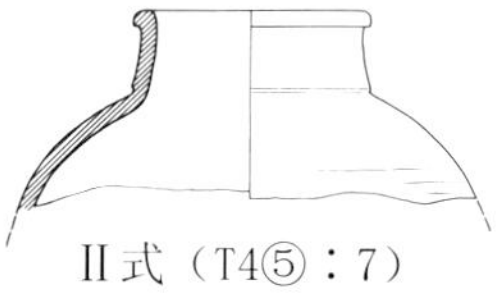 II式（T4⑤：7） 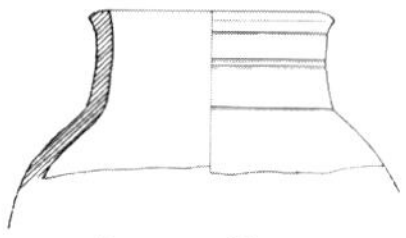 III式（T4⑤：8）	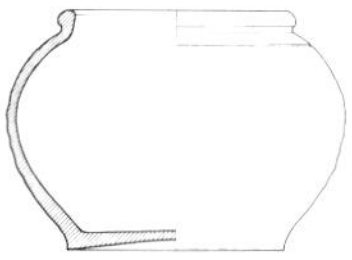 I式（JK7：4） 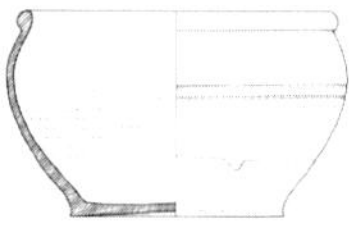 II式（H3：10） 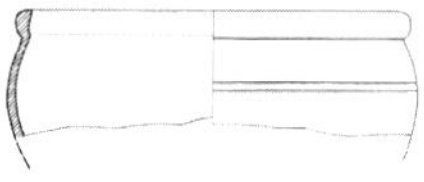 III式（T3⑤：16）
代	期	4段		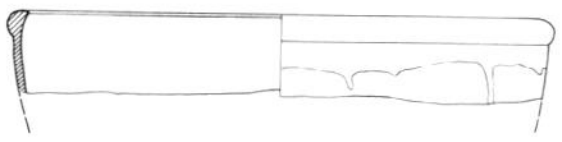 III式（T3④：13） 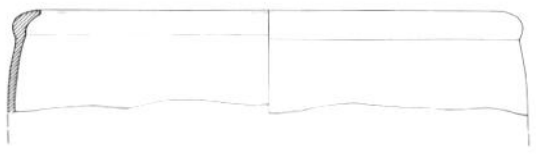 IV式（T2③：3）	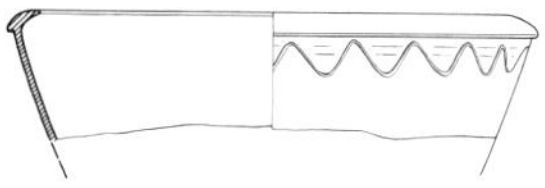 III式（T3④：20） 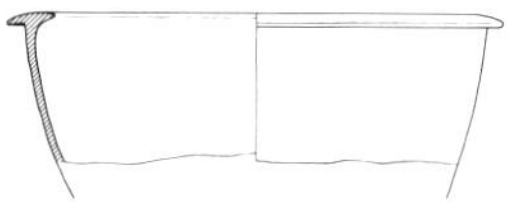 IV式（T2③：4）	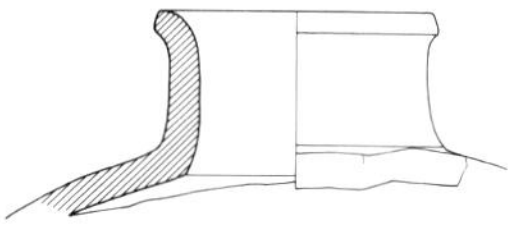 III式（T3④：12） 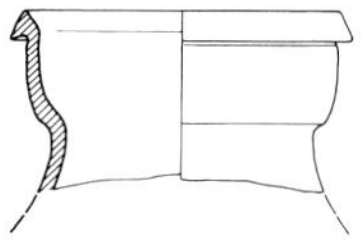 IV式（T2④：11）	
		5段					

图七九 C

器			陶 器
壶		钵	壶
A型	B型		

A型壶	B型壶	钵	陶器壶
I式（T4⑥∶3）	I式（T1⑥∶5）		I式（T1⑥∶2）
	II式（JK6∶5）		
II式（H3∶8）	II式（JK7∶3） III式（H3∶4）	I式（JK7∶24）	
III式（T3④∶10）		II式（JK5∶1）	I式（T2④∶10） II式（T3④∶11）

分期图

有明代中期或偏晚的器物，如 C 型碗（07TTJK7：11、07TTJK7：23、07TTT4⑤：4）以及 Da 型Ⅰ式碗（07TTT4⑤：10），这是值得注意的现象。其次，又以景德镇窑系青花瓷器为例，E 型碗（07TTT4④：3）、A 型Ⅳ式酒杯（07TTT4④：2、07TTJK3：16）等器物，其形制、缠枝花卉装饰特点均具有清代乾、嘉时期的风格。在属本段的堆积单位出土有"乾隆通宝"（07TTT2④：13、07TTT3③：6、07TTJK3：19），"嘉庆通宝"（07TTT3③：7、07TTJK3：20）等钱币。仅据上述器物与出土钱币判断，属本期 4 段的遗址堆积第③层、第④层，晾堂 07TTL2、07TTL3，酿酒窖池 07TTJK3、07TTJK5，接酒池 07TTjk4 诸堆积单位的年代约在清代乾、嘉时期。再次，仍然以景德镇窑系青花瓷系为例，如 A 型Ⅲ式罐（07TTJK1：10）、B 型罐（07TTJK1：13）、C 型Ⅲ式酒杯（07TTT1②：9、07TTH1：5、07TTH1：6）、A 型Ⅲ式盘（07TTH1：4）等器物，其形制、山水、耕樵、垂钓、鱼藻纹等纹饰是清代晚期道光、咸丰、光绪时期的瓷器特征，在属本段的堆积单位出土有"道光通宝"（07TTJK1：12、07TTT3②：1），"咸丰通宝"（07TTH1：9、07TTH1：10），上述器物形制、纹饰、钱币均是清代晚期道光、咸丰、光绪时期的风格，据此，属二期 5 段的遗址第②层，灰坑 07TTH1，酿酒窖池 07TTJK1、07TTJK2，晾堂 07TTL1 诸堆积单位的时代约为清代晚期道光、咸丰、光绪时期。晾堂 07TTL1 虽然没有文化遗物出土，但与 07TTJK1 坑壁紧密连接，是为同时所建，故应与 07TTJK1 同时。

关于揭露出的部分川主庙建筑墙基的始建时代，由于揭露面积十分有限，地层堆积中没有出土与川主庙始建年代有直接联系的遗物，灰坑 07TTH1 内出土有亮瓦、滴水、屋脊上的残兽足，以及有"川主"二字铭文的墙砖，这些遗物可证明与修建川主庙有关，特别是有"川主"二字铭文的墙砖，更是专门为兴建川主庙烧制的，但均不能作为川主庙始建年代的确切依据。2005 年 6、7 月我们在调查、撰写《射洪县柳树镇历史文化与考古调查》报告时，调查走访柳树镇 82 岁的马林才、93 岁的母云亭、73 岁的张自图三位老人，初步了解到当地"九宫十八庙"的名称、具体地点、保存和毁弃情况，但没有得到有关川主庙修建年代的任何信息。为此我们曾到射洪县文物管理所、县档案馆查阅关于川主庙建筑年代的资料，资料中只有 20 世纪 30 年代川主庙被火烧毁的记载，记载中没有显示出川主庙始建年代的任何信息。查四川省射洪县地方志编撰委员会所编《历代射洪县志汇编》一书，该书收编了康熙、乾隆、嘉庆、道光、光绪五部县志，查县志中有关"寺观"部分，这部分记载中虽然没有川主庙的记载，但我们得知在柳树镇、川主庙附近修建寺庙的名称与始建年代的记载。例如：清嘉庆《射洪县志·寺观》载："武曲观，县南八十里，成化甲寅年建，康熙六年重修。饶益寺，县南一百里，正统八年建，万历二年重修。观音阁，县南八十里，康熙九年建，乾隆十九年补修。王爷庙县，县南八十里，乾隆二年建，二十二年补修。"上述记载的四座庙宇与现川主庙建筑基址相距不远，多数损毁不存，唯明代饶益寺保存至今，现公布为省级文物保护单位。依据川主庙 07TTF1、07TTF2 墙基打破或叠压的地层或遗迹单位及其出土遗物，并参考《清嘉庆县志·寺观》中记载的上述庙宇的建筑年代，这里对川主庙揭露出的建筑基址建筑年代进行初步推断：07TTF2 墙基下的排水沟直接打破酿酒窖池 07TTJK6，此窖池废弃后所填入的堆积中出土地方窑土青花瓷器中的 Aa 型Ⅲ式碗、B 型Ⅱ式碗、B 型Ⅲ式碗，景德镇窑系青花瓷器中的 B 型Ⅱ式碗、B 型Ⅱ式罐，这些出土器物的类型学研究表明 07TTJK6 及其所出包含物的年代基本可推断为明代中期，由此可知川主庙 07TTF2 石墙基始建年代的上限不会早于明代中期。07TTF1 石墙基打破遗址第③层，叠压酿酒窖池 07TTJK5、接酒池 07TTjk4，07TTJK5 和 07TTjk4 两个遗迹单位出土 A 型 IV 式酒杯、"乾隆通宝"、"嘉庆通宝"等器物，由出土器物推断遗迹年代应为清代中偏晚期，由此可知川主庙 07TTF1 石墙基始建年代的上限不会早于清代中偏晚期。综合以上分析初步推测：川主庙 07TTF1、07TTF2 石墙基的建筑年代应该在清康熙至嘉庆年间。

沱泉古井，虽然没有在井内进行清理，不知其具体的建造年代以及到底使用了多长时间。但依据其形状、建造方式，与四川其他地区发现的同一形制的水井进行比较，可以推知其大体的建造年代。2007 年 3 月下旬，四川内江市东兴区永福乡玉泉山村一村民在自留地边挖出一眼水井，该水井废弃后被填埋于地下，当地村民在找水挖井时意外发现，井口、井壁平面呈六边形，用大小、厚度相同的条石叠砌成，共 16 层，深 5 米。该井的建造方法、形状与泰安酒坊古沱泉井的建造方法、平面形状完全相同，但内江市东兴区玉泉山村这一眼石砌六边形古井保存了修建这眼井时的石刻题记铭文，在井口边壁的一块条石上阴刻有"乾隆三十六年四月五日吉旦"，明确记载了该井建造的时间，在其旁边或其他井壁石上还刻有"清泉记"，"乙丈五，辛卯孟夏，下晚吉旦"，"万古千秋，山高水长"，"乙尺三寸"，"闵师匠"等字样[1]。其建造年代的题刻文字，为推测泰安酒坊古沱泉井的建造时代提供了有力佐证。由于泰安酒坊古沱泉井的建造方法、平面形状、井口直径、深度与内江东兴区玉泉村"乾隆三十六年四月五日吉旦"几乎完全相同，故泰安酒坊古沱泉井的建造时代应与此古井建造年代相当，即清乾隆时代或略晚近。

---

[1] 李莽：《打井"打"出一口乾隆井》，《四川日报》2007 年 4 月 4 日第 5 版。

第七章 结 语

通过对四川射洪沱牌集团公司泰安作坊遗址的发掘和对发掘资料的整理，关于该酿酒作坊遗址可得出如下几点初步认识。

（一）泰安作坊遗址是明清以来的酒坊遗址

通过考古发掘可以断定，射洪沱牌泰安作坊遗址是一处明清以来的酒坊遗址，可从以下方面初步证明。

1. 泰安作坊遗址分布面积及出土物具有前店后坊的基本元素

泰安作坊遗址，其范围包括遗留、传承至今仍在使用、生产的 28 口窖池车间，车间东南面一幢临街面现已废弃的房屋和川主庙的一部分，面积约 2000 平方米，面积较大。经过考古发掘，可知遗址堆积层厚约 2 米，清理出酒窖坑，摊晾床，接酒池等酿酒遗迹，遗存古沱泉井一眼，出土有石臼，疑似石磨盘，釉陶胎质的擂钵，直径逾 50 厘米的大型釉陶缸、盆、钵、灯盏和小到直径只有 2.8 厘米的品酒杯，以及大量日常生活用的青花瓷器、釉陶器等遗存物和少量钱币。通过出土器物形态、特征、组合分析，有一部分是明代遗存，大部分是清代至清代晚期的遗存。泰安酒坊遗址的发掘，为四川传统白酒工业遗存考古学研究，提供和积累了全新的考古资料，当为世人关注。

泰安酒坊遗址发现的遗迹，数量众多的遗物，再现了泰安酒坊遗址至少从明代始，历经清代、民国延续至今的发展脉络清晰可辨。揭示出沱牌泰安作坊白酒窖酿发酵、曲药拌料的研制，勾兑品鉴的生产过程，经历数百年沧桑岁月的沉淀，其历史传承不曾间断。丰富的遗迹、高品级的遗物在同类遗址中极为鲜见，可初步看出明、清时期沱牌泰安作坊前店后坊兴旺繁荣的场景。

2. 揭露出明清以来酿酒窖池等遗迹

发现的酿酒窖池坑遗迹，通过对已揭露出的这六口窖池坑进行观察，属第一期的窖池坑（07TTJK6）平面呈口大底小的圆角长方形，四周窖壁内收形成平底。坑深不到一米，容积不足 1 立方米，容量较小。表现出一期窖池酿制发酵的粮食拌料不多，这是否与当时酿酒所需粮食谷物数量有关呢？到二期早段的酿酒窖池坑（07TTJK7），继续沿用一期筑抹窖壁相同的紫色黏土、河沙和少量石灰拌合成的三合土建筑窖壁及底。但窖池规模扩大很多，容积达到近 6 立方米，容量增大数倍，说明用于酿酒所需粮食谷物数量大量增加，这是否与清代前期康乾盛世，社会稳定，粮食谷物丰产增收有关呢？到二期中、晚段，修建窖池的材料出现以石灰为主的三合土建筑窖池（07TTJK2、07TTJK3、07TTJK5）和用条石叠砌窖壁修造方法。综合以上可将沱牌泰安酒坊遗址发掘出的老窖演变归纳如下：

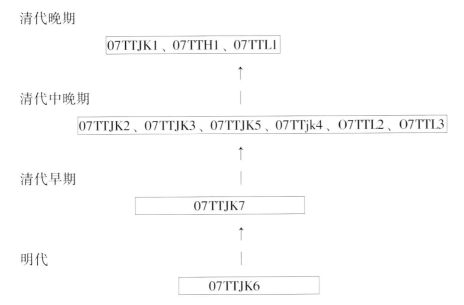

清代晚期

07TTJK1、07TTH1、07TTL1

↑

清代中晚期

07TTJK2、07TTJK3、07TTJK5、07TTjk4、O7TTL2、O7TTL3

↑

清代早期

07TTJK7

↑

明代

07TTJK6

3. 泰安作坊明代泥窖固态发酵、蒸馏已经存在

关于酿酒窖池始于何时，目前四川已发掘的成都水井方遗址，剑南春酒坊"天益老号"遗址与射洪沱牌泰安酒坊遗址同为我国白酒工业的重要考古文化遗存，遗址中均有明清时期的酿酒窖池发现，这无疑为寻找时代更早的酿酒窖池提供了线索。东晋时人葛洪在他所著的《抱朴子·酒诫》中说"曩者，既年荒谷贵，人有醉者相杀，牧伯辄有酒禁。严令重申，官司搜索收执，榜徇者相辱，制鞭而死者大半，防之弥峻，犯者至多，至乃穴地而酿，油囊怀酒。"其中"穴地而酿"当是文字记载中言明的早期酿酒窖池了，这是在东晋时期文献记载，属东晋"穴地而酿"的酒窖遗迹至今还未有发现。泰安酒坊遗址有着明确层位的（07TTJK6）明代酿酒窖池的发现不失为寻找与其自身时代相同或更早的酿酒窖池提供重要的线索。其考古遗存的实物史料价值不可替代。

泰安酒坊遗址明代、清代早期泥窖（07TTJK6、07TTJK7）的发现，从中国传统酿酒工艺的角度观察，表明沱牌集团生产浓香型曲酒的年代在明代已经存在，这可将沱牌泰安酒坊制曲拌料，糖化发酵，装料泥封，穴地酿制，以器承取滴露的浓香型蒸馏酒生产工艺向前推至明代，并且其生产工艺流程，技术规范要求已形成系统。在属清代早期的酿酒窖池07TTJK7东南面窖壁还残存有窖泥（彩版九〇；彩版九一，1），从酿酒工艺的角度考察这遗存，可以断定：泰安酒坊在清代早期就已经开始使用固态发酵这一工艺，因为穴地酿制，固态发酵的生产工艺是不适合液态和半液态发酵的生产工艺，在泰安酒坊遗址编号07TTJK1的酿酒窖池内的废弃堆积中采集到糟子亦是一实物例证（彩版九一，2）。使用泥窖、窖泥、固态发酵生产酿制蒸馏酒，这一特征与文献记载有相吻合之处。如北齐时人贾思勰《齐民要术》中有"蜀人作酴酒法：十二月朝，取流水五斗，渍小麦曲二斤，密泥封。至正月、二月冻释。发漉去滓，但取汁三斗，杀米三斗，炊作饭，调强软，合和，复密封数十日便熟，合滓餐之，甘辛滑如甜酒味，不能醉人。多使呋，温温小暖而面热也。"《说文》："酴，酒母也，从酉余声，读若庐。"故"酴酒法"之"酴"在这里具有药曲、酵母的性质。明代医生李时珍《本草纲目·酒》中指出早在"秦蜀有咂嘛酒，用稻、麦、黍、秫、药曲"，说明泥窖密封，固态发酵的酿酒工艺与方法历史悠久，而沱牌泰安酒坊遗址明、清时代的泥窖、窖泥、糟子的发现，为探寻四川乃至中国浓香型蒸馏酒窖池、窖泥起源，是不可缺少的典型遗址，不排除泰安酒坊遗址的早期泥窖与窖泥，是四川乃至全国传统白酒工业早期浓香型窖池与窖泥的发源地之一。

07TTjk4 坑的平面形状，坑的四壁及底的筑抹建造方式等特征，与发掘出的同时期的窖池坑比较区别明显，与同一地点相距不过 30 米，现在仍然在生产、使用的接酒池的形状、深度相差不大，因此，推断 jk4 坑的性质具有接酒的功能，是为接酒池无疑问。

泰安酒坊遗址出土遗物中有石质工具 3 件，石圆饼形器（疑似石磨盘，07TTT1⑥：6）、石臼（07TTjk4：1）、石锤（07TTJK7：10）；釉陶器中有擂钵（凿槽钵）、罐、缸、盆、钵、罇、灯盏等容器与工具，均为酿酒用生产工具。青花瓷器中有各类杯、盘、碗、碟等生活日用品，其中 2 件形制特小的品酒杯（07TTJK5：3、07TTT2④：1）与上述石质工具，釉陶质地的容器、工具以及发现的酿酒窖池（内含窖泥、糟子）、晾堂、接酒池、水井等遗迹一道，基本可以复原和展现出明清以来泰安酒坊从开挖窖池坑，筑抹、锤实窖壁、窖泥，捣碎、磨制曲药，用曲用水拌料，入窖泥封，固态发酵，蒸馏，以器承取滴露，勾兑品尝，封缸陈酿的工艺流程和生产的历史场景。

（二）丰富的陶瓷器物可见证明清时期泰安酒坊的兴盛

1. 暂不能确认窑口的地方窑"土青花"与景德镇民窑青花瓷器

关于泰安酒坊遗址出土遗物中明清时期青花陶瓷器物的产地，遗址所出釉陶器及其残片，少量泥质黑灰陶器残片，应为地方窑烧制（四川唐宋时期陶瓷业十分兴盛，如有名的邛窑、广元窑、青羊宫窑、彭县磁峰窑、都江堰玉堂窑、乐山西坝窑等窑址是历史上的地方名窑，此外我们新近调查的还有彭山瓦子堆窑，青神罇罐窑、乐山苏稽窑、犍为孝孤镇窑，以及在江油、绵阳、射洪、三台、中江等地也发现一些不太知名的地方窑）。酒坊遗址出土大量青花瓷器及其残片中，以江西景德镇民窑生产的青花瓷占多数如：Aa 型Ⅰ式碗（07TTT4⑥：1），口沿饰点彩，底部饰青釉莲花纹，外壁以青釉绘缠枝菊花纹。积釉处有缩釉裂纹、裂口。圈足底部有乳突，削足，足底边为酱黄泛色红。圈足底黏沙。

明清时期能生产青花瓷器的窑口以江西景德镇最为著名，另外还有临江窑、吉州窑，浙江江山窑、福建德化窑、坪水窑，云南建水窑、玉溪窑，四川会理的鹿厂窑等。泰安作坊遗址出土的青花瓷器中除景德镇窑烧造的以外，还有一部分为地方窑烧制，这些属地方民窑烧制的所谓"土青花"瓷器，是属上述哪个窑口或窑系，或其他窑口、窑系是一个值得关注的问题。

2. 质地细腻精美的景德镇瓷器与"品酒杯"

泰安酒坊遗址地处远离大都市的偏远小镇，能出土数量较多的景德镇窑系青花瓷器，可否说明酒坊遗址自明清以降，生产规模不断扩大（窖池、晾堂增多和扩大），财力雄厚，经济繁荣，酒坊主人和当地富裕人家具有一定社会地位和财力，才可能购买质地细腻，纹饰精美，质量上等，价格不菲的景德镇青花瓷器，如过墙龙纹青花碗（07TTJK7：22）等。出土各种类型的酒杯数量 50 余件，青花碗 120 余件，盘 20 余件，各种酒壶近 20 件和少量钱币，从一个方面反映出，泰安酒坊遗址至明清时期酿酒生产不仅已具规模，其酒肆应具备的各形酒杯、酒壶、酒坛、酒缸以及碗、盘和钱币等要素一应俱全。如果说酿酒工具和酿酒遗迹是泰安酒坊遗址"后厂"的具体展现，那么一应俱全的各种酒具、生活用具和钱币则是泰安酒坊遗址存在"酒肆"的准确诠释。如果说酒坊酿酒人好饮、品、勾兑调制所酿之酒，这里出土的两件直径约2.8厘米，杯池极浅，底厚的"品酒杯"，则应是酿酒或品评、调制勾兑匠师使用的专业酒杯。迄至目前所知，已经发掘的成都水井街酒坊遗址，绵竹剑南春"天益老号"酒坊遗址，两件品酒杯以上讨论可以初步认定：泰安酒坊遗址酿酒，酒肆要素齐备，是一处较为典型的"前店后厂"的酒坊遗址，这在四川传统白酒工业乃至中国白酒酿造工业遗址中具有标本意义，是重要的文化遗产。

（三）"射洪春酒"应属唐时"剑南之烧春"酒范畴

泰安酒坊遗址所在地射洪县，三代时期属梁州之域，秦并巴蜀后，射洪隶属蜀地，泰安酒坊遗址与汉唐以来在此建置的通泉县紧邻，是开初唐文风的文学大家陈子昂的故乡，具有深厚的历史文化底蕴；这里土地平旷，浅丘环绕，涪江南去，清泉涌流，溪涧纵横，满目青山。气候湿润温和，物产丰富，得天独厚的自然生态环境，为酿酒业的发展奠定了深厚的人文历史底蕴，良好的物候环境为酿酒业提供了充足的物质保证。所以自唐代以来其酿酒业就未曾间断，可从一些历史文学作品或志书典籍的纸言片语中透露出的相关信息，勾勒出其酿酒历史发展的轮廓。唐代垂拱元年（公元685年），文学大家、诗人陈子昂赴东都洛阳前，用射洪佳酿制之春酒宴请故老，作《春夜别友人》，使射洪春酒名入京华，唐宝应元年（公元762年），诗圣杜甫游历射洪时，作《野望》诗盛赞"射洪春酒寒仍绿"，携酒泛江，漫游通泉县东山野亭，咏题《陪王侍御宴东山野亭》，狂放饮春酒，"得醉即为家"，心情愉悦，兴致很高。唐时，射洪、通泉二县是属剑南道辖（剑南道，唐贞观初置，因在剑阁之南故名，东连牂牁、西界吐蕃、南接群峦、北通剑阁。领益、绵、始、梓、遂、普、资、简、陵、邛、雅、眉……等州）。初唐之时射洪春酒则闻名剑南。唐李肇《唐国史补》记载的十四种名酒中，"剑南之烧春"酒依次名列第五种，这是因其产至剑门关之南的春酒而得名，如前述，位于剑门之南的射洪之春酒在初唐时已被陈子昂、杜甫等大文学家宴饮、赞誉，且明言"春酒"，可见射洪春酒早在唐代就十分知名。李肇《唐国史补》记载的十四种名酒中的"剑南之烧春"应是"剑南烧春酒"的省称。"烧春"酒，可理解为经加热蒸馏、承取滴露的春酒，或许还有两种含义：即"烧酒"与"春酒"，"烧酒"即蒸馏酒的俗称。《说文》："烧，爇也。从火尧声，式昭切。""爇烧也。从火蓺声，春秋传曰爇僖负羁臣铉曰说文无蓺字，当从火从艸热省声，如劣切"。也就是说固态发酵后的糟料需蒸馏，"其清如水，味极浓烈，"以器承取滴露，盖酒露也。这滴露即为最原状的"烧酒"。关于"春酒"，最早的记载见于《诗·豳风·七月》："八月剥枣，十月获稻，为此春酒，以介眉寿"。这句诗所透露出的信息是：先秦时期，春酒是用秋天收获的谷物类粮食酿制，待来年开春即成的酒。三代时期之酒主要是祭祀时饮用，这一时期春酒的酿制工艺应与唐宋时期酿制春酒的工艺、饮用有较大的区别。杜甫《野望》有"射洪春酒寒仍绿"外，在他所做的另一首《宴戎州杨史君东楼诗》有"重碧沾春酒"。亦是指射洪所产之春酒，可见射洪春酒早已知名前代。唐宋"春酒"的酿制工艺应较先秦系统、成熟和完备。特别是"剑南之烧春"酒，它不仅是用粮食谷物"冬酿而春成"，也包含"固态发酵，固态蒸馏"以器承取滴露的酿制工艺。"烧"与"蒸"应是唐宋时春酒酿制工艺的两项主要环节。"蒸"离不开烧，只有用燃料加热才能蒸。"蒸"，仅就构字本意而言，《说文》作𤑃，误米为采谓豆属。一期甲骨作"🔥"，周中期段簋作

"㽉"，甲骨金文均作奉米之属，即蒸之本字[1]。"蒸"与"烝"字，后者无草字头，同音相通。《说文》："烝，火气上行也，从火丞声。煮仍切。"三代时期"蒸"与"烝"常与祭祀有关，这里取蒸"与"烝"的"火气上行也，从火丞声"之构字本意，即春酒酿制工艺过程中的"蒸、烧"环节。故可推知，"剑南道之烧春酒"中，射洪春酒应在其中占有重要地位，并且还曾是地方向唐王朝宫廷进献的贡酒，这在《旧唐书·德宗本纪》有"剑南岁贡春酒十斛"的记载。剑南道岁贡春酒是唐代有关名酒记载中，唯一作为唐宫贡酒的地方土贡酒，是宫廷御用而非宫廷御制的仅此一例的地方名酒。因此早在初唐射洪春酒就誉满京华，其作为剑南道产的地方名酒贡唐宫朝廷御用是完全可能的。

诗酒文化的记载，蕴含着唐代射洪酿酒历史的真实信息，如此星火相传，经久不息，历宋元明清各代。如明代嘉靖四十至四十一年（1562～1563年），谢东山任山东巡抚时深入乡民各地探访，巡查酒技，学得"易酒法"。返乡后，进一步酿酒完善工艺，在此唐代酿制出的春酒基础上，酿制出具有独特风格的"谢酒"。清代酿酒世家李明方建酿酒作坊取名为"吉祥泰"后又改名为"泰安酢坊"，扩大酿酒生产规模。其后李吉安继承父业，聘请当时酿酒名师郭炳林在传承唐代春酒"寒香醇美"，明代谢酒"浓香馥郁、沁人心脾"的基础上，酿制出其"窖香浓郁、清冽甘爽、绵软醇厚、尾净余长，尤以甜净著称"的曲酒，民国35年（1846年）李吉安设春宴请地方社会贤达名士品尝新酿曲酒，前清举人马天衢据当地柳树镇牌坊有"沱泉酿美酒，牌名誉千秋"联，取上下联第一字得名"沱牌"曲酒。本次泰安作坊酿酒遗址的发掘，有厚逾2米的文化堆积，清理出的酿酒窖池、摊晾床，接酒池等遗迹单位俱是不为现在人们所知、是名符其实的老窖池。依据考古层位与类型学的分析，遗址的第⑥层，酿酒窖池07TTJK6等是属明代，其堆积中出土的陶瓷器的碗、盘、杯、壶、盆、钵、缸等器物群均为明代器物，特别是青花瓷器中的式碗，还存有明显的元末明初的特征。这组堆积单位与器物群组合与记载中泰安作坊谢东山酿制"谢酒"的时代一致，但尚不能断定这组堆积与遗迹和出土器物就是明代谢东山酿制"谢酒"的遗存，因为还缺乏直接、明确的证据，不过为我们探讨明代泰安作坊谢东山酿制"谢酒"提供重要实物资料，具有不可替代性。遗址第五层下的遗迹至遗址第二层涵盖泰安作坊遗址从清代初至清代晚期这一时段的酿酒遗存堆积。有力地证明文字记录的沱牌曲酒的历史渊源流长是有所根据的。出土实物与文字记载，至少自明清以来基本吻合，并能互为印证。也极大地丰富了沱牌曲酒的历史文化内涵，见证了泰安酒坊从明代、经历清代、民国延续至今的发展脉络清晰可辨与兴旺繁荣。酿酒窖池07TTJK7窖壁残存的窖泥和堆积中采集到的糟子，将来通过使用现代化的生物工程技术激活其中的有益菌群，对白酒酿酒业有着重要的现实意义。

沱牌公司泰安作坊遗存下来的酿酒窖池等遗迹，至今依然是公司的酿酒生产车间，公司历来重视文化遗产的传存与保护，已经成为一种自觉。目前泰安作坊遗址已是市级文物保护单位，并由国家文物局、中国食品工业协会联合公布为首批"中国食品文化遗产"，也是第二批中国非物质文化遗产。

沱牌泰安酒坊遗址与四川已发掘的水井街酒坊，剑南春天一老号酒坊遗址等同为四川传统白酒工业乃至中国白酒酿造工艺的重要文化遗产，是一处重要的白酒工业作坊遗址，本次考古发掘所获

---

[1]　高明：《古文字类编》327页，中华书局，1980年。

成果，也是四川乃至我国传统白酒工业作坊遗址的有重大考古发现，必将引起有关部门和专家对我国白酒工业文化遗产保护的更大关注。

　　泰安酒坊遗址由明清以来的"前店后厂"的作坊，延绵发展，壮大成现在拥有近万名职工，占地五平方公里的上市企业——沱牌集团，并建成我国第一个酿酒生态工业园区，这与当今我国倡导的绿色环保，科学发展，构建和谐社会的方针政策相符合，其发展前景当可期待。其泰安作坊遗址今后还当继续进行发掘，以后还会有更可喜的成果！

附表一　泰安作坊遗址典型探方单位层位关系举要

探方　单位		07TTT1	07TTT2	07TTT3	07TTT4	07TTT5	07TTT6	07TTT6
时代	分期	①层 ↓	①层 ↓	①层 ↓	①层 ↓	①层 ↓	①层 ↓	①层 ↓
清 代	二 期	H1 ↓ ②层 ↓ JK1 ↗↘ ③层　JK2 ↓ JK3 ↓ ④层 ↓ ⑤层 ↓	②层 ↓ L1 ↓ ③层 ↓ L2 ↓ ④层 ↓ ⑤层 ↓ F2 ↓	②层 ↓ ③层 ↓ F1 ↗↘ jk4　JK5 ↘↙ ④层 ↓ ⑤层 ↓ F2 ↓	②层 ↓ ③层 ↓ F1 ↓ ④层 ↓ ⑤层 ↗↘ JK7　H3 ↘↙	②层 ↓ ③层 ↓ F1 ↓ ④层 ↓ ⑤层 ↓ JK7 ↓	②层 ↓ ③层 ↓ F1 ↓ ④层 ↓ ⑤层 ↓ F2 ↓ G1 ↓	②层 ↓ ③层 ↓ L3 ↓ ④层 ↓ ⑤层 ↓ F2 ↓
明 代	一 期	H2◱ ↓ ⑥层 ↓ 生土	⑥层 ↓ 生土	⑥层 ↓ 生土	⑥层 ↓ 生土	⑥层 ↓ 生土	JK6 ↓ ⑥层 ↓ 生土	⑥层 ↓ 生土

（↓表示叠压或打破关系）

附表二　07TTT1②层器类统计

质地	青花瓷								釉陶									总计
	土青花				青花				暗红色				青灰色			酱黄		
器类	器底	口沿片	腹片	合计	器底	口沿片	腹片	合计	器底	口沿片	腹片	合计	口沿片	腹片	合计	腹片	合计	
数量	22	16	23	61	1	2	3	6	2	1	1	4	2	5	7	2	2	80
百分比	27.5	20	28.7	76.2	1.3	2.5	3.7	7.5	2.5	1.3	1.3	5	2.5	6.2	8.7	2.5	2.5	100%

附表三　07TTT1②层陶瓷片纹饰统计

质地 / 釉色 / 数量 / 纹饰	青花瓷				釉陶				总计	百分比
	土青花	合计	青花	合计	暗红色	青灰色	酱黄色	合计		
素面					5	2		7	7	20
草叶纹	11	11	2	2					13	37.1
缠枝纹	2	2							2	5.7
山水纹	13	13							13	37.1
合计	26	26	2	2	5	2		7	35	
百分比	74.3	74.3	5.7	5.7	14.3	5.7		20	100%	

附表四　07TTT2②层器类统计

质地 / 器类	青花瓷							釉陶						总计
	土青花				青花			暗红色				青灰色		
	器底	口沿片	腹片	合计	口沿片	腹片	合计	器底	口沿片	腹片	合计	器耳	合计	
数量	12	31	53	96	2	3	5	2	1	2	5	1	1	107
百分比	11.2	29	49.5	89.7	1.9	2.8	4.7	1.9	0.9	1.9	4.7	0.9	0.9	100%

附表五　07TTT2②层陶瓷片纹饰统计

质地 / 釉色 / 数量 / 纹饰	青花瓷				釉陶				总计	百分比
	土青花	合计	青花	合计	暗红色	青灰色	酱黄色	合计		
素面					5	2		7	7	16.3
草叶纹	14	14							14	32.6
缠枝纹			2	2					2	4.7
朵菊纹	3	3							3	7
山水纹	17	17							17	39.5
合计	34	34	2	2	5	2		7	43	
百分比	79.1	79.1	4.7	4.7	11.6	4.7		16.3	100%	

附表六　07TTT3②层器类统计

质地	青花瓷								总计
	土青花				青花				
器类	器底	口沿片	腹片	合计	器底	口沿片	腹片	合计	
数量	25	30	84	139	2	7	13	22	161
百分比	15.6	18.6	52.2	86.3	1.2	4.3	8.1	13.7	100%

附表七　07TTT3②层陶瓷片纹饰统计

质地　釉色　数量　纹饰	青花瓷				总计	百分比
	土青花	合计	青花	合计		
山水纹	21	21			21	24.1
草卉纹	13	13	1	1	14	16.1
弦纹	21	21	1	1	22	25.3
蝙蝠纹	6	6			6	6.9
素面	24	24			24	27.6
合计	85	85	2	2	87	
百分比	97.7	97.7	2.3	2.3	100%	

附表八　07TTT4②层器类统计

质地	青花瓷								釉陶									总计
	土青花				青花				暗红色					青灰色				
器类	器底	口沿片	腹片	合计	器底	口沿片	腹片	合计	器底	口沿片	腹片	灯盏	合计	口沿片	腹片	器耳	合计	
数量	17	23	19	59	7	21	23	51	4	5	18	3	30	2	5	4	11	151
百分比	11.3	15.2	12.6	39.1	4.6	13.9	15.2	33.8	2.6	3.3	11.9	1.9	19.9	1.3	3.3	2.6	7.3	100%

附表九 07TTT4②层陶瓷片纹饰统计

质地\釉色\数量\纹饰	青花瓷				釉陶				总计	百分比
	土青花	合计	青花	合计	暗红色	青灰色	酱黄色	合计		
素面					12	13		25	25	25
草叶纹	15	15	23	23					38	38
缠枝纹	2	2	12	12					14	14
山水纹	23	23							23	23
合计	40	40	35	35	12	13		25	100	
百分比	40	40	35	35	12	13		25	100%	

附表一〇 07TTT1③层器类统计

质地\器类	青花瓷								釉陶												总计
	土青花				青花				暗红色					青灰色			酱黄色				
	器底	口沿片	腹片	合计	器底	口沿片	腹片	合计	器底	口沿片	腹片	灯盏	合计	缸口片	腹片	合计	口沿片	器底	腹片	合计	
数量	37	14	45	96	9	3	17	29	4	8	25	1	38	6	7	13	4	1	3	8	184
百分比	20.1	7.6	24.5	52.2	4.9	1.6	9.2	15.8	2.2	4.3	13.6	0.5	20.7	3.3	3.8	7.1	2.2	0.5	1.6	4.3	100%

附表一一 07TTT1③层陶瓷片纹饰统计

质地\釉色\数量\纹饰	青花瓷				釉陶				总计	百分比
	土青花	合计	青花	合计	暗红色	青灰色	酱黄色	合计		
素面	18	18			15	4	3	22	40	51.9
草叶纹	8	8	5	5					13	16.9
缠枝纹	14	14	7	7					21	28.6
灵芝纹			3	3					3	3.9
合计	40	40	15	15	15	4	3	22	77	
百分比	51.9	51.9	19.5	19.5	19.5	5.2	3.9	28.6	100%	

附表一二　07TTT2③层器类统计

质地	青花瓷								釉陶											总计
	土青花				青花				暗红色					青灰色		酱黄				
器类	器底	口沿片	腹片	合计	器底	口沿片	腹片	合计	器底	口沿片	腹片	灯盏	合计	口沿片	合计	器底	腹片	合计	
数量	21	9	49	79	17	7	43	67	1	2	10	1	14	1	1	1	2	3	164
百分比	12.8	5.5	29.9	48.2	10.4	4.3	26.2	40.9	0.6	1.2	6.1	0.6	8.5	0.6	0.6	0.6	1.2	1.8	100%

附表一三　07TTT2③层陶瓷片纹饰统计

质地 釉色 数量 纹饰	青花瓷				釉陶				总计	百分比
	土青花	合计	青花	合计	暗红色	青灰色	酱黄色	合计		
素面	5	5			6	3	2	11	16	24.2
草叶纹	3	3	9	9					12	18.2
缠枝纹	8	8	13	13					21	31.8
灵芝纹			17	17					17	25.8
合计	16	16	39	39	6	3	2	11	66	
百分比	24.2	24.2	59.1	59.1	9.1	4.5	4.5	16.7	100%	

附表一四　07TTT3③层器类统计

质地	青花瓷								釉陶										陶			总计
	土青花				青花					暗红色			青灰色			酱黄色			黑灰色			
器类	器底	口沿片	腹片	合计	器底	口沿片	腹片	盘底	合计	器底	腹片	合计	腹片	钵片	敛口缸	合计	器底	缸口	合计	器底	直口罐	合计
数量	6	8	21	35	6	16	47	11	80	1	4	5	9	1	1	11	1	1	2	1	1	2	135
百分比	4.4	5.9	15.6	25.9	4.4	11.9	34.8	8.1	59.3	0.7	3	3.7	6.7	0.7	0.7	8.1	0.7	0.7	1.5	0.7	0.7	1.5	100%

附表一五　07TTT3③层陶瓷片纹饰统计

质地	青花瓷				釉陶				陶		总计	百分比
釉色\数量\纹饰	土青花	合计	青花	合计	暗红色	青灰色	酱黄色	合计	褐红色	合计		
船形纹	1	1									1	1.5
弦纹	5	5				2		2	1	1	8	11.9
素面	12	12	6	6	6	7	2	15	1	1	34	50.7
波折纹			3	3							3	4.5
"寿"字纹			6	6							6	9
缠枝纹			13	13							13	19.4
朵菊纹						2		2			2	3
合计	18	18	28	28	6	11	2	19	2	2	67	
百分比	26.9	26.9	41.8	41.8	9	16.4	3	28.4	3	3	100%	

附表一六　07TTT4③层器类统计

质地	青花瓷								釉陶						总计
地	土青花				青花				暗红色			青灰色		酱黄色	
器类	器底	口沿片	腹片	合计	器底	口沿片	腹片	合计	壶	腹片	合计	腹片	合计	器底	腹片	合计
数量	8	17	53	78	19	17	84	120	1	6	7	3	3	1	3	4	212
百分比	3.8	8	25	36.8	9	8	39.6	56.6	0.5	2.8	3.3	1.4	1.4	0.5	1.4	1.9	100%

附表一七　07TTT4③层陶瓷片纹饰统计

质地	青花瓷				釉陶				总计	百分比
釉色\数量\纹饰	土青花	合计	青花	合计	暗红色	青灰色	酱黄色	合计		
缠枝纹	5	5	7	7					12	17.9
花卉纹	3	3	12	12					15	22.4
"寿"字纹	2	2	10	10					12	17.9
凤纹			5	5					5	7.5
灵芝纹			13	13					13	19.4
素面					5	3	2	10	10	14.9
合计	10	10	47	47	5	3	2	10	67	
百分比	14.9	14.9	70.1	70.1	7.4	4.5	3	14.9	100%	

附表一八　07TTT1④层器类统计

质地	青花瓷								釉陶									总计
	土青花				青花				暗红色				青灰色			酱黄		
器类	器底	口沿片	腹片	合计	器底	口沿片	腹片	合计	器底	口沿片	腹片	合计	口沿片	腹片	合计	腹片	合计	
数量	19	12	11	42	7	8	28	43	3	3	9	15	2	4	6	2	2	108
百分比	17.6	11.1	10.2	38.9	6.5	7.4	25.9	39.8	2.8	2.8	8.3	13.9	1.9	3.7	5.6	1.9	1.9	100%

附表一九　07TTT1④层陶瓷片纹饰统计

质地 釉色 数量 纹饰	青花瓷				釉陶				总计	百分比
	土青花	合计	青花	合计	暗红色	青灰色	酱黄色	合计		
素面					5	2	2	9	9	15
朵菊纹	5	5							5	8.3
缠枝纹	9	9	11	11					20	33.3
灵芝纹			5	5					5	8.3
"寿"字纹			8	8					8	13.3
风纹			7	7					7	11.7
点彩			6	6					6	10
合计	14	14	37	37	5	2	2	9	60	
百分比	23.3	23.3	61.7	61.7	8.3	3.3	3.3	15	100%	

附表二〇　07TTT2④层器类统计

质地	青花瓷									釉陶						总计
	土青花				青花					暗红色				酱黄色		
器类	器底	口沿片	腹片	合计	器底	口沿片	腹片	灯盏	合计	器底	缸口片	器耳	合计	器底	合计	
数量	6	15	29	50	25	17	41	1	84	1	2	3	6	1	1	141
百分比	4.3	10.6	20.6	35.5	17.7	12.1	29.1	0.7	59.6	0.7	1.4	2.1	4.3	0.7	0.7	100%

附表二一 07TTT2④层陶瓷片纹饰统计

质地 釉色 数量 纹饰	青花瓷				釉陶				总计	百分比
	土青花	合计	青花	合计	暗红色	青灰色	酱黄色	合计		
素面					2	1	1	4	4	6.7
朵菊纹	7	7							7	11.7
缠枝纹	5	5	13	13					18	30
灵芝纹			9	9					9	15
"寿"字纹			7	7					7	11.7
凤纹			3	3					3	5
点彩			12	12					12	20
合计	12	12	44	44	2	1	1	4	60	
百分比	20	20	73.3	73.3	3.3	1.7	1.7	6.7	100%	

附表二二 07TTT3④层器类统计

质地 器类	青花瓷								釉陶												陶		总计
	土青花				青花				暗红色						青灰色		酱黄色			黑灰色			
	器底	口沿片	腹片	合计	器底	口沿片	腹片	合计	器底	腹片	敛口缸	叠唇缸	有领罐	合计	敛口缸	合计	器底	盆	合计	腹片	合计	
数量	20	24	47	91	43	35	98	176	8	20	3	3	3	37	3	3	5	12	17	3	3	327
百分比	6.1	7.3	14.4	27.8	13.1	10.7	30	53.8	2.4	6.1	0.9	0.9	0.9	11.3	0.9	0.9	1.5	3.7	5.2	0.9	0.9	100%

附表二三 07TTT3④层陶瓷片纹饰统计

质地 釉色 数量 纹饰	青花瓷				釉陶			陶	总计	百分比
	土青花	合计	青花	合计	暗红色	青灰色	酱黄色	合计		
缠枝纹	30	30	31	31					61	16.3
朵菊纹	12	12							12	3.2
"Ⅲ"字纹	8	8							8	2.1
弦纹	17	17	19	19	13	12	6	31	67	17.9
素面	19	19	57	57	25	30	12	67	143	38.2
凤纹			21	21					21	5.6
鱼藻纹			8	8					8	2.1
"寿"字纹	17	17	12	12					29	7.8
灵芝纹			25	25					25	6.7
合计	103	103	173	173	38	42	18	98	374	
百分比	27.5	27.5	46.3	46.3	10.2	11.2	4.8	26.2	100%	

附表二四　07TTT4④层器类统计

质地	青花瓷								釉陶				总计
	土青花				青花				暗红色				
器类	器底	口沿片	腹片	合计	器底	口沿片	腹片	合计	器底	腹片	壶	合计	
数量	4	3	5	12	11	25	17	53	1	2	1	4	69
百分比	5.8	4.3	7.2	17.4	15.9	36.2	24.6	76.8	1.4	2.9	1.4	5.8	100%

附表二五　07TTT4④层陶瓷片纹饰统计

质地　釉色　数量　纹饰	青花瓷				总计	百分比
	土青花	合计	青花	合计		
缠枝纹	2	2			2	5.7
花卉纹			5	5	5	14.3
"寿"字纹			18	18	18	51.4
凤纹			3	3	3	8.6
松鹰纹			1	1	1	2.9
灵芝纹			4	4	4	11.4
珍珠纹			2	2	2	5.7
合计	2	2	33	33	35	
百分比	5.7	5.7	94.3	94.3	100%	

附表二六　07TTT1⑤层器类统计

质地	青花瓷								釉陶												总计
	土青花				青花				暗红色					青灰色				酱黄色			
器类	器底	口沿片	腹片	合计	器底	口沿片	腹片	合计	器底	口沿片	腹片	叠唇罐	合计	器底	口沿片	腹片	合计	器底	腹片	合计	
数量	17	13	63	93	16	27	121	164	2	7	23	2	34	1	3	10	14	2	3	5	310
百分比	5.5	4.2	20.3	30	5.2	8.7	39	52.9	0.6	2.3	7.4	0.6	11	0.3	1	3.2	4.5	0.6	1	1.6	100%

附表二七　07TTT1⑤层陶瓷片纹饰统计

质地＼釉色／数量／纹饰	青花瓷				釉陶				陶		总计	百分比
	土青花	合计	青花	合计	暗红色	青灰色	酱黄色	合计	黑灰色	合计		
朵菊纹	5	5									5	7.1
弦纹			7	7			4	4			11	15.7
垂帐纹	9	9									9	12.9
灵芝纹			5	5							5	7.1
龙纹			10	10							10	14.3
缠枝纹			17	17							17	24.3
素面					3	8	1	12	1	1	13	18.6
合计	14	14	39	39	3	12	1	16	1	1	70	
百分比	20	20	55.7	55.7	4.3	17.1	1.4	22.9	1.4	1.4	100%	

附表二八　07TTT2⑤层器类统计

质地	青花瓷								釉陶								陶		总计
	土青花				青花				暗红色				青灰色				褐红色		
器类	器底	口沿片	腹片	合计	器底	口沿片	腹片	合计	器底	口沿片	腹片	合计	口沿片	腹片	灯盏	合计	灯盏	合计	
数量	19	10	32	61	33	23	45	101	2	1	3	6	1	8	1	10	1	1	179
百分比	10.6	5.6	17.9	34.1	18.4	12.8	25.1	56.4	1.1	0.6	1.7	3.4	0.6	4.5	0.6	5.6	0.6	0.6	100%

附表二九　07TTT2⑤层陶瓷片纹饰统计

质地＼釉色／数量／纹饰	青花瓷				釉陶			总计	百分比
	土青花	合计	青花	合计	暗红色	青灰色	合计		
朵菊纹	3	3						3	5.6
垂帐纹	4	4						4	7.4
缠枝纹	7	7	9	9				16	29.6
弦纹	4	4						4	7.4
灵芝纹			7	7				7	13
凤纹			5	5				5	9.3
“寿”字纹			3	3				3	5.6
素面					4	8	12	12	22.2
合计	18	18	24	24	4	8	12	54	
百分比	33.3	33.3	44.4	44.4	7.4	14.8	22.2	100%	

附表三○　07TTT3⑤层器类统计

质地	青花瓷									釉陶											陶		总计
	土青花					青花				暗红色					青灰色				酱黄色		黑灰色		
器类	器底	口沿片	腹片	器盖	合计	器底	碗口片	腹片	合计	器底	腹片	沿内折缸	叠唇罐	合计	器底	腹片	凹沿罐	合计	器底	合计	陶盆	合计	
数量	5	7	17	1	30	20	11	33	64	2	1	2	1	6	1	7	3	11	1	1	1	1	113
百分比	4.4	6.2	15	0.9	26.5	17.7	9.7	29.2	56.6	1.8	0.9	1.8	0.9	5.3	0.9	6.2	2.7	9.7	0.9	0.9	0.9	0.9	100%

附表三一　07TTT3⑤层陶瓷片纹饰统计

质地 釉色 数量 纹饰	青花瓷		青花	合计	釉陶				陶		总计	百分比
	土青花	合计	青花	合计	暗红色	青灰色	酱黄色	合计	黑灰色	合计		
朵菊纹	2	2									2	4
弦纹	5	5				4		4			9	18
素面	10	10			3	8	1	12	1	1	23	46
灵芝纹			5	5							5	10
珍珠纹			3	3							3	6
缠枝纹			7	7							7	14
方框文						1		1			1	2
合计	17	17	15	15	3	13	1	17		1	50	
百分比	34	34	30	30	3	26	2	34		2	100%	

附表三二　07TTT4⑤层器类统计

质地	青花瓷							釉陶									总计
	土青花				青花			暗红色			青灰色				酱黄色		
器类	器底	口沿片	腹片	合计	器底	口沿片	腹片	器底	腹片	合计	罐口片	壶口片	腹片	合计	器底	合计	
数量	3	8	8	19	8	5	4	2	1	3	1	1	1	3	2	2	44
百分比	6.8	18.2	18.2	43.2	18.2	11.4	9.1	4.5	2.3	6.8	2.3	2.3	2.3	6.8	4.5	4.5	100%

附表三三　07TTT4⑤层陶瓷片纹饰统计

质地\釉色\数量\纹饰	青花瓷				釉陶				总计	百分比
	土青花	合计	青花	合计	暗红色	青灰色	酱黄色	合计		
朵菊纹	3	3							3	9.4
"Ⅲ"字纹	2	2							2	6.3
缠枝纹	5	5	3	3					8	25
凤纹			4	4					4	12.5
点彩			1	1					1	3.1
灵芝纹			3	3					3	9.4
弦纹						2		2	2	6.3
锦纹			3	3					3	9.4
素面					3	1	2	6	6	18.8
合计	10	10	14	14	3	3	2	8	32	
百分比	31.3	31.3	43.8	43.8	9.4	9.4	6.3	25	100%	

附表三四　07TTT1⑥层器类统计

质地	青花瓷						釉陶							陶								总计
	土青花				青花		青灰色				酱黄色			黑灰色								
器类	器底	口沿片	腹片	合计	器底	合计	器底	管状流	腹片	合计	器底	腹片	合计	器底	腹片	缸口片	盆口片	灯盏	器耳	杯口壶	合计	
数量	2	9	17	28	2	2	5	1	2	8	1	1	2	1	1	6	3	1	1	1	14	54
百分比	3.7	16.7	31.5	51.9	3.7	3.7	9.3	1.9	3.7	14.8	1.9	1.9	3.7	1.9	1.9	11.1	5.6	1.9	1.9	1.9	25.9	100%

附表三五　07TTT1⑥层陶瓷片纹饰统计

质地\釉色\数量\纹饰	青花瓷				釉陶		陶		总计	百分比
	土青花	合计	青花	合计	暗红色	合计	黑灰色	合计		
垂帐纹	8	8							8	22.2
朵菊纹	2	2							2	5.6
缠枝纹			2	2					2	5.6
素面					9	9	13	13	22	61.1
弦纹					1	1	1	1	2	5.6
合计	10	10	2	2	10	10	14	14	36	
百分比	27.8	27.8	5.6	5.6	27.8	27.8	38.9	38.9	100%	

附表三六　07TTT2⑥层器类统计

质地	青花瓷					釉陶						陶						总计
	土青花		青花			暗红色		青灰色		酱黄色		黑灰色						
器类	器底	合计	器底	口沿片	合计	腹片	合计	腹片	合计	口沿片	合计	器底	腹片	缸口片	灯盏	盆片	合计	
数量	6	6	2	2	4	2	2	4	4	1	1	5	4	8	2	6	25	42
百分比	14.3	14.3	4.8	4.8	9.5	4.8	4.8	9.5	9.5	2.4	2.4	11.9	9.5	19	4.8	14.3	59.5	100%

附表三七　07TTT2⑥层陶瓷片纹饰统计

质地　　釉色　数量　纹饰	青花瓷				釉陶			陶		总计	百分比
	土青花	合计	青花	合计	暗红色	青灰色	合计	黑灰色	合计		
素面	7	7			3		3	10	10	20	83.3
团花纹						2	2			2	8.3
缠枝纹			1	1						1	4.2
点彩			1	1						1	4.2
合计	7	7	2	2	3	2	5	10	10	24	
百分比	29.2	29.2	8.3	8.3	12.5	8.3	20.8	41.7	41.7	100%	

附表三八　07TTT3⑥层器类统计

质地	青花瓷							釉陶								总计
	土青花				青花			暗红色			青灰色			黑灰色		
器类	器底	口沿片	腹片	合计	器底	口沿片	腹片	合计	器底	腹片	合计	宽沿罐	窄沿罐	合计	杯口壶	灯盏	合计	
数量	6	10	13	29	4	3	5	12	4	5	9	1	1	2	1	1	2	54
百分比	11.1	18.5	24.1	53.7	7.4	5.6	9.3	22.2	7.4	9.3	16.7	1.9	1.9	3.7	1.9	1.9	3.7	100%

附表三九　07TTT3⑥层陶瓷片纹饰统计

质地 釉色 数量 纹饰	青花瓷				釉陶		陶		总计	百分比
	土青花	合计	青花	合计	暗红色	合计	黑灰色	合计		
垂帐纹	5	5							5	14.3
朵菊纹	2	2							2	5.7
缠枝纹			1	1					1	2.9
鱼藻纹			1	1					1	2.9
素面	7	7	5	5	10	10	1	1	23	65.7
弦纹					2	2	1	1	3	8.6
合计	14	14	7	7	12	12	2	2	35	
百分比	40	40	20	20	34.3	34.3	5.7	5.7	100%	

附表四〇　07TTT4⑥层器类统计

质地	青花瓷								釉陶				陶		总计
	土青花				青花				酱黄色				黑灰色		
器类	器底	口沿片	腹片	合计	器底	口沿片	腹片	合计	器底	腹片	器耳	合计	盆口片	合计	
数量	1	8	5	14	6	3	2	11	1	2	2	5	2	2	32
百分比	3.1	25	15.6	43.8	18.8	9.4	6.3	34.4	3.1	6.3	6.3	15.6	6.3	6.3	100%

附表四一　07TTT4⑥层陶瓷片纹饰统计

质地 釉色 数量 纹饰	青花瓷				釉陶		陶		总计	百分比
	土青花	合计	青花	合计	酱黄色	合计	黑灰色	合计		
缠枝纹	3	3	4	4					7	30.4
莲花纹			3	3					3	13
点彩			4	4					4	17.4
垂帐纹	2	2							2	8.7
弦纹					3	3			3	13
朵菊纹	2	2							2	8.7
素面							2	2	2	8.7
合计	7	7	11	11	3	3	2	2	23	
百分比	30.4	30.4	47.8	47.8	13	13	8.7	8.7	100%	

附表四二　07TTTJK1 器类统计

| 质地 | 青花瓷 | | | | | | | | | | 釉陶 | | | | | | | | | | | 总计 |
| 器类 | 土青花 | | | | | | 青花 | | | | 暗红色 | | | | | 青灰色 | | | 酱黄色 | | | |
	器底	口沿片	腹片	灯盏	勺片	合计	器底	口沿片	腹片	合计	器底	口沿片	腹片	器耳	合计	口沿片	腹片	合计	口沿片	器底	合计	
数量	22	26	53	1	4	106	8	11	47	66	3	2	4	1	10	1	9	10	2	1	3	195
百分比	11.3	13.3	27.2	0.5	2.1	54.4	4.1	5.6	24.1	33.8	1.5	1	2.1	0.5	5.1	0.5	4.6	5.1	1	0.5	1.5	100%

附表四三　07TTJK1 陶瓷片纹饰统计

| 质地 釉色 数量 纹饰 | 青花瓷 | | | | 釉陶 | | | | 总计 | 百分比 |
	土青花	合计	青花	合计	暗红色	青灰色	酱黄色	合计		
缠枝纹	11	11	13	13					24	31.2
山水纹	9	9							9	11.9
草叶纹	8	8							8	10.4
"寿"字纹	2	2	3	3					5	6.5
灵芝纹			7	7					7	9.1
朵菊纹	1	1							1	1.3
素面					10	10	3	23	23	29.9
合计	31	31	23	23	10	10	3	23	77	
百分比	40.3	40.3	29.9	29.9	13	13	3.9	29.9	100%	

附表四四　07TTJK3 器类统计

| 质地 | 青花瓷 | | | | | | | | 釉陶 | | | | | | | | | | 总计 |
| 器类 | 土青花 | | | | 青花 | | | | 暗红色 | | | | 青灰色 | | | | 酱红色 | | |
	器底	口沿片	腹片	合计	器底	口沿片	腹片	合计	器底	口沿片	腹片	合计	器底	口沿片	腹片	合计	器底	合计	
数量	8	15	27	50	9	6	13	28	3	8	17	28	3	2	13	18	2	2	126
百分比	6.3	11.9	21.4	39.7	7.1	4.8	10.3	22.2	2.4	6.3	13.5	22.2	2.4	1.6	10.3	14.3	1.6	1.6	100%

附表四五　07TTJK3 陶瓷片纹饰统计

质地 釉色 数量 纹饰	青花瓷				釉陶			总计	百分比
	土青花	合计	青花	合计	暗红色	青灰色	合计		
"寿"字纹	3	3	5	5				8	10
"Ⅲ"字纹	2	2						2	2.5
灵芝纹	4	4	7	7				11	13.8
朵菊纹	2	2						2	2.5
缠枝纹	5	5	9	9				14	17.5
素面	5	5			25	13	38	43	53.8
合计	21	21	21	21	25	13	38	80	
百分比	26.3	26.3	26.3	26.3	31.2	16.2	47.5	100%	

附表四六　07TTJK5 层器类统计

质地 器类	青花瓷									总计
	土青花				青花					
	器底	口沿片	腹片	合计	器底	口沿片	腹片	灯盏	合计	
数量	14	15	13	42	3	5	12	1	21	63
百分比	22.2	23.8	20.6	66.7	4.8	7.9	19	1.6	33.3	100%

附表四七　07TTJK5 陶瓷片纹饰统计

质地 釉色 数量 纹饰	青花瓷				总计	百分比
	土青花	合计	青花	合计		
弦纹	3	3			3	9.1
朵菊纹	7	7			7	21.2
灵芝纹			1	1	1	3
"Ⅲ"字纹	5	5			5	15.2
素面	10	10	7	7	17	51.5
合计	25	25	8	8	33	
百分比	75.8	75.8	24.2	24.2	100%	

附表四八　07TTJK6 器类统计

质地	青花瓷								总计
	土青花				青花				
器类	器底	口沿片	腹片	合计	器底	口沿片	腹片	合计	
数量	4	11	6	21	8	4	7	19	40
百分比	10	27.5	15	52.5	20	10	17.5	47.5	100%

附表四九　07TTJK6 陶瓷片纹饰统计

质地 釉色 数量 纹饰	青花瓷				总计	百分比
	土青花	合计	青花	合计		
缠枝花	4	4	14	14	18	75
垂帐纹	1	1			1	4.2
莲花纹			2	2	2	8.3
点彩			3	3	3	12.5
合计	5	5	19	19	24	
百分比	20.8	20.8	79.2	79.2	100%	

附表五○　07TTJK7 器类统计

质地	青花瓷								釉陶												陶		总计
	土青花				青花				黑灰色				青灰色				酱黄色				黑灰色		
器类	器底	口沿片	腹片	合计	器底	口沿片	腹片	合计	器底	口沿片	腹片	合计	器底	口沿片	腹片	合计	口沿片	腹片	灯盏	合计	口沿片	合计	
数量	5	3	6	14	10	7	14	31	5	2	8	15	2	3	4	9	1	2	1	4	1	1	74
百分比	6.8	4.1	8.1	18.9	13.5	9.5	18.9	41.9	6.8	2.7	10.8	20.3	2.7	4.1	5.4	12.2	1.4	2.7	1.4	5.4	1.4	1.4	100%

附表五一　07TTJK7 陶瓷片纹饰统计

| 质地
釉色
数量
纹饰 | 青花瓷 | | | | 釉陶 | | | | 陶 | | 总计 | 百分比 |
	土青花	合计	青花	合计	暗红色	青灰色	酱黄色	合计	黑灰色	合计		
"寿"字纹	1	1	1	1							2	5.1
凤纹			3	3							3	7.7
灵芝纹	2	2	3	3							5	12.8
朵菊纹	2	2									2	5.1
缠枝纹	1	1	4	4							5	12.8
素面					12	7	2	21	1	1	22	56.4
合计	6	6	11	11	12	7	2	21	1	1	39	
百分比	15.4	15.4	28.2	28.2	30.8	17.9	5.1	53.8	2.7	2.7	100%	

附表五二　07TTjk4 器类统计

| 质地 | 青花瓷 | | | | | | | | 釉陶 | | 总计 |
| | 土青花 | | | | 青花 | | | | 青灰色 | | |
器类	器底	口沿片	腹片	合计	器底	口沿片	腹片	合计	灯盏	合计	
数量	10	13	17	40	2	4	7	13	1	1	54
百分比	18.5	24.1	31.5	74.1	3.7	7.4	13	24.1	1.9	1.9	100%

附表五三　07TTjk4 陶瓷片纹饰统计

| 质地
釉色
数量
纹饰 | 青花瓷 | | | | 总计 | 百分比 |
	土青花	合计	青花	合计		
"寿"字纹	2	2	2	2	4	16
"Ⅲ"字纹	3	3			3	12
灵芝纹	2	2	3	3	5	20
朵菊纹	4	4			4	16
缠枝纹	1	1	4	4	5	20
弦纹	4	4			4	16
合计	16	16	9	9	25	
百分比	64	64	36	36	100%	

附表五四　07TTH2 器类统计

质地	青花瓷					釉陶							陶		总计
	土青花		青花			暗红色				青灰色			黑灰色		
器类	碗底	合计	碗底	腹片	合计	器底	口沿片	腹片	合计	口沿片	腹片	合计	盆口片	合计	
数量	2	2	1	1	2	1	8	3	12	4	5	9	2	2	27
百分比	7.4	7.4	3.7	3.7	7.4	3.7	29.6	11.1	44.4	14.8	18.5	33.3	7.4	7.4	100%

附表五五　07TTH2 陶瓷片纹饰统计

质地 釉色 数量 纹饰	青花瓷				釉陶			陶		总计	百分比
	土青花	合计	青花	合计	暗红色	青灰色	合计	黑灰色	合计		
莲花纹			1	1						1	3.7
缠枝纹	1	1								1	3.7
弦纹					6	1	7			7	25.9
素面					9	7	16	2	2	18	66.7
合计	1	1	1	1	15	8	23	2	2	27	
百分比	3.7	3.7	3.7	3.7	55.6	29.6	85.2	7.4	7.4	100%	

附表五六　07TTH3 陶瓷片纹饰统计

质地	青花瓷						釉陶									总计
	土青花			青花			暗红色				青灰色			酱黄色		
器类	碗底	腹片	合计	碗盘底	腹片	合计	器底	口沿片	腹片	合计	口沿片	腹片	合计	腹片	合计	
数量	3	4	7	15	32	47	13	7	21	41	13	37	50	5	5	150
百分比	2	2.7	4.7	10	21.3	31.3	8.7	4.7	14	27.3	8.7	24.7	33.3	3.3	3.3	100%

附表五七　07TTH3 陶瓷片纹饰统计

质地 釉色 数量 纹饰	青花瓷				釉陶				总计	百分比
	土青花	合计	青花	合计	暗红色	青灰色	酱黄色	合计		
龙纹			4	4					4	3.4
绣球纹			2	2					2	1.7
凤纹			5	5					5	4.3
缠枝纹	2	2	11	11					13	11.1
花卉纹	3	3	6	6					9	7.7
"寿"字纹			3	3					3	2.7
素面					32	45	4	81	81	69.2
合计	5	5	31	31	32	45	4	81	117	
百分比	4.3	4.3	26.5	26.5	27.4	38.5	3.4	69.2	100%	

附表五八　泰安作坊遗址出土器物组合表

地方窑土青花瓷器（碗 Aa–E、盘 A–B、碟、器盖）；景德镇瓷系青花瓷器（碗 Aa–E、盘 A–C、酒杯 A–C、罐 A–B、勺）

单位	地·碗Aa	地·碗Ab	地·碗Ac	地·碗B	地·碗C	地·碗D	地·碗E	地·盘A	地·盘B	地·碟	地·器盖	景·碗Aa	景·碗Ab	景·碗B	景·碗C	景·碗Da	景·碗Db	景·碗E	景·盘A	景·盘B	景·盘C	酒杯A	酒杯B	酒杯C	罐A	罐B	勺
⑥层	I II III			I	I II							I II		I								I II III	I II				
H2	III							I												I					I		
JK6					II			II				II		II		II						II			II		
JK7	III IV				III							III IV			√		II			II				I			
H3				II										II								III					
⑤层		I		III IV	IV	I	I II III	I II				III	I II	II	√	I II	II		I	II		III					
④层		I	√	IV	IV	II	II III	I				III	III					√	II	II	I	IV	III	II			√
JK3				IV			III			√	√		III						III			IV	III IV				√
jk4				IV																							√
JK5												IV															
③层		I		V	IV		III	II																			
JK1		II						III	√	√							III				I				III	√	
②层		I								√									III		II	IV	IV V	III			√
H1		II																	III					III			

续附表五八

器别\\单位	釉陶器 缸A	缸B	罐A	罐B	罐C	壶A	壶B	吕酒杯	灯盏A	灯盏B	灯盏C	钵	谭	碟	管状流	陶器 盆A	盆B	壶	器盖	火炉	罐	建筑构件	杯	石器	铜器	钱币
⑥层	I	I			I	I	I								I	I	√	I						√		
H2	II	I																								√
JK6							II									√										√
JK7				I			II					I									√			√		√
H3	II	II			II	II	III																			√
⑤层	II	III	III	III									I			√										
④层	III	III IV	III IV					√	√	√				√				I II								√
JK3										√	√				II					√						√
jk4									√															√		√
JK5	IV	III IV					III	√				II	II												√	√
③层																							√			√
JK1																			√							√
②层														III					√		√					√
H1																						√				√

附表五九　泰安作坊遗址出土器物分期表

时代	期	段	地方窑土青花瓷器 碗 Aa	Ab	B	C	E	景德镇瓷系青花瓷器 碗 Aa	碗 B	碗 Db	盘 A	盘 B	酒杯 A	酒杯 B
明代	一期	1	Ⅰ Ⅱ Ⅲ		Ⅰ	Ⅰ		Ⅰ	Ⅰ		Ⅰ	Ⅰ	Ⅰ Ⅱ	Ⅰ Ⅱ
		2			Ⅱ	Ⅱ		Ⅱ	Ⅱ					
清代	二期	3		Ⅰ	Ⅲ	Ⅲ	Ⅰ Ⅱ Ⅲ	Ⅲ	Ⅲ	Ⅰ	Ⅰ	Ⅱ	Ⅲ	Ⅲ
		4			Ⅳ	Ⅳ	Ⅱ Ⅲ	Ⅳ		Ⅱ Ⅲ	Ⅱ	Ⅱ	Ⅳ	Ⅳ
		5		Ⅱ	Ⅴ		Ⅲ				Ⅲ	Ⅱ		Ⅴ

时代	期	段	釉陶器 缸 A	缸 B	罐 A	罐 B	壶 A	壶 B	钵	泥器 壶	罐	建筑构件	钱币
明代	一期	1	Ⅰ	Ⅰ	Ⅰ Ⅱ Ⅲ	Ⅰ Ⅱ Ⅲ	Ⅰ	Ⅰ		Ⅰ			开元通宝
		2											开元通宝
清代	二期	3	Ⅱ	Ⅱ			Ⅱ	Ⅱ	Ⅰ	Ⅱ	√		康熙通宝
		4	Ⅲ Ⅳ	Ⅲ Ⅳ	Ⅲ Ⅳ	Ⅲ Ⅳ	Ⅲ	Ⅲ	Ⅱ		√		乾隆通宝　嘉庆通宝
		5										√	道光通宝　咸丰通宝

附录：

杜诗"射洪春酒"小考

李家顺

杜甫对前辈诗人陈子昂甚为敬仰，评价极高，认为他"有才继骚雅，哲匠不比肩"。在陈子昂蒙冤死后62年，唐代宗宝应元年（762年）七月，杜甫因送友人严武回京，由成都至绵州（今四川省绵阳）小住，适遇李某之梓州（今四川省三台县）任，路经绵州时，他托李某到梓州属县射洪代为凭吊陈子昂，有"遇害陈公殒，于今蜀道怜，君行射洪县，为我一潸然"诗句。（《送梓州李使君之任》）此时，杜甫已有往射洪瞻仰陈公读书处之意。他们两人都曾官右拾遗，陈子昂的身世遭遇引起了他的共鸣，陈子昂在文学革新上的成就尤令他敬重。这年深秋，杜甫抑制不住思念先贤的情绪，即往成都迎家室至梓州居住，于十一月专程往射洪县，凭吊陈子昂遗迹。

现在的射洪县，在唐代南半属通泉县，北半属射洪，两县南北相接。射洪古县城在今金华镇；金华山在县城北，因其贵重华美、紫气氤氲而得名。金华前山为古道观，后山有陈子昂读书处，杜甫此次在射洪与通泉作诗颇多。他特地寻访了陈子昂故宅，作了《陈子昂故宅》诗；在金华山又作了《野望》和《冬到金华山观因得故拾遗陈公学堂遗址》。其《野望》诗云：

金华山北涪水西，仲冬风日始凄凄。

山连越巂蟠三蜀，水散巴渝下五溪。

独鹤不知何事舞，饥乌似欲向人啼。

射洪春酒寒仍绿，目极伤神谁为携？

诗中"射洪春酒寒仍绿"句，历来注杜诗者甚感难解。明代仇兆鳌引顾氏旧注云："酒暖则绿，射洪寒轻，故冬酒仍绿"。仇氏又据《诗经·豳风·七月》以为："'十月获稻'而云'为此春酒'，盖冬酿而春成也。此诗'春酒寒仍绿'，亦言冬酒。"（《杜诗详注》卷十一）这样的解释似不甚贴切，仅附会"春"与"绿"字。清人施鸿保对此予以驳正，他说："如是冬酿，不应云'寒仍绿'，云'仍'则是春酿，因寒而故仍绿也。绿是酒本色，宋人说部详之。公诗所见白酒、红酒，得此绿酒"。又《宴戎州杨使君东楼》诗"'重碧拈春酒'亦绿酒也，若'鹅儿黄似酒'则又黄酒，顾谈'酒暖则绿'无据"（《读杜诗详注》卷十一）。施鸿保虽然指出旧注之误，从酒之本色说明春酒即绿酒，但仍未能说明何为"射洪春酒"。

"射洪春酒"是射洪县特有的传统佳酒，具有"纯净、透明"的"绿"色和"清冽、甘爽"的寒凉味道。不仅杜甫称赞它色和味"寒仍绿"，后来南宋时遂宁学者王灼也说"射洪春酒旧知名"（《和荣安中二绝》，见《颐堂先生文集》卷五）。可见它在射洪酿制的历史是很悠久的。杜甫《陪王侍御宴通泉东山野亭》诗"狂歌遇形胜，得醉即为家"，他在通泉所饮者也是射洪春酒。这种酒为古代射洪民间创制，以当地优质高粱和糯米为原料，用曲发酵，精酿而成，故在唐宋时也甚知名。明代文人谢东山，博雅好古，曾得易酒法，回到射洪县后改进酿制方法，使春酒的优点得到进一步发展。清光绪《射洪县志》卷四云："射洪春酒擅名前代，工部（杜甫）诗称之。又费密称：谢公东山得易酒法，归射洪造酿，甚美，蜀人谓之'谢酒'。今之糟坛，味甚香美，其遗制也"。民国三十四年（1945 年），射洪县南柳树镇的酿酒世家李吉安，为了赢得市场竞争的成功，不惜重金聘请名曲酒技师继承春酒传统工艺之特点，汲用当地龙池山脉与青龙山脉汇合处的沱泉水为酿造用水，精心酿制成具有独特风味的佳酿，并请本地德高望重的前清举人马天衢命名。马氏鉴于柳树沱有沱泉牌坊，绿水泱泱，杨柳依依，柳绿春浓的自然景观，取"沱泉酿美酒；牌名誉千秋"之意，命名为"沱牌曲酒"。今柳树镇之射洪沱牌曲酒厂即位于唐代通泉县南五里处，恰与杜甫留诗的通泉东山寺隔江相望。现在的沱牌曲酒乃继承古代射洪春酒之遗制，发挥传统工艺之优长，应用现代酿酒新工艺酿成，形成了"窖香浓郁，清冽甘爽，绵软醇厚，尾净余长，尤以甜净著称"的独特风格。宋人言杜诗无一字无来处，其"射洪春酒"即是一例，非亲临其地难以考知，而欲知"寒仍绿"之效则唯有品尝沱牌曲酒。可借用明人饶景晖诗句"射洪春酿今仍在，一语当年重品题。向使少陵知此味，也应随酒入新诗"来结束此文。

（本文原载《陈子昂研究论集》305 页，中国文联出版公司，1989 年。）

后　记

先后参加射洪泰安作坊遗址田野考古调查发掘和室内整理工作的有王鲁茂、李家顺、蒋传锡、何兵、黄家全、杨绍金、曾凌云、罗进、陈亮、邓永红、何庆路、胡波、黄家祥等。领队黄家祥。

报告插图由黄家全绘制，器物照片由江聪拍摄，器物修复由匡汉斌、戴兵、牛源等完成。报告由黄家祥、王鲁茂共同执笔。

在射洪泰安作坊遗址的调查和发掘过程中，我们得到四川省文物局、四川省文物考古研究院、遂宁市宋瓷博物馆、射洪县文物管理所、沱牌集团公司等单位的大力支持和协助。

中国社会科学院考古研究所研究员、国家文物局考古专家组徐光冀、王仁湘，国家博物馆杨林，中国食品工业协会曹会军，北京大学考古文博学院高崇文，四川省历史学会谭继和、袁庭栋，四川大学历史文化学院林向、宋治民、马继贤，四川省文物局王琼等先生、女士的指导和支持，他们提出许多有益的建议和宝贵意见，在此一并致以衷心的感谢。

在射洪泰安作坊遗址考古资料整理、报告编写过程中，四川省文物局苏欣，四川省文物考古研究院高大伦，四川省文物商店唐莉、李天勇等诸位女士、先生给予大力支持和帮助，在此特致谢意。

从发掘、整理到报告撰写只用了短短一年多，时间相当紧迫，因此报告中的疏漏、错误之处不少，恳请各位方家不吝赐教为感。

编著者
2008 年 10 月

泰安作坊遗址在沱牌酿酒集团生态工业园区中的位置示意

泰安作坊遗址外景

沱牌酿酒生态工业园全景

泰安作坊遗址老车间

泰安作坊遗址被命名为"中国食品文化遗产"

双鹿松树纹盘（05TT征：2正视）

1. 双鹿松树纹盘（05TT征：2局部）

2. 双鹿松树纹盘（05TT征：2背视）

1.紫酱釉锦地鱼藻纹碗（05TT征：1）

2.紫酱釉锦地鱼藻纹碗（05TT征：1背视）

紫酱釉锦地鱼藻纹碗（05TT征：1正视）

1.泰安作坊仍在使用的老窖池、晾堂

2.两口百年老窖池

1. 泰安作坊仍在使用的接酒池

2. 布方发掘现场

1. 泰安作坊遗址发掘现场

2. 泰安作坊遗址发掘现场局部（南—北）

1. 徐光冀、赵福生诸先生观察泰安作坊出土器物

2. 沱牌公司董事长李家顺鉴赏
泰安作坊遗址出土文物

2007年10月下旬来泰安作坊遗址考古发掘现场考察的专家

1. 清理完毕的灰坑07TTH3现状

2. 清理出的石板晾堂与酿酒窖池07TTJK1

1.被石板晾堂和酿酒窖池07TTJK1叠压的酿酒窖池07TTJK3

2.清理完毕的酿酒窖池07TTJK3

1. 专业人员正在清理酿酒窖池07TTJK3内堆积

2. 清理揭露出的酿酒窖池07TTJK7

1. 被石砌排水沟打破的酿酒窖池07TTJK6

2. 清理完毕的酿酒窖池07TTJK6

1. 揭露清理出的接酒池07TTjk4

2. 古沱泉井

1.地方窑Ab型Ⅰ式上青花瓷碗（07TTT2②：3正视）

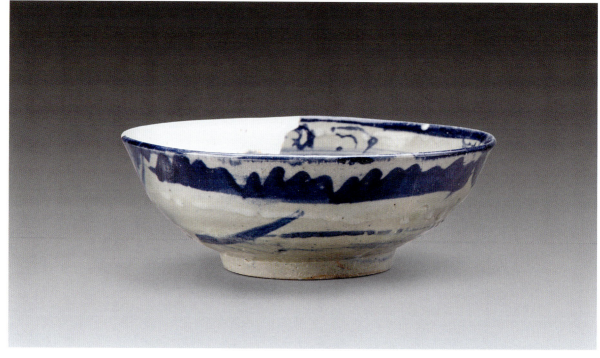

2.地方窑Ab型Ⅰ式土青花瓷碗（07TTT2②：3）

1. 景德镇窑系C型III式青花瓷酒杯（07TTT1②：9正视）

2. 景德镇窑系C型III式青花瓷酒杯（07TTT1②：9）

1.A型Ⅱ式釉陶罐（07TTT2②：1）

2.釉陶器盖（07TTT2②：8）

1.釉陶擂钵（07TTT4②：6正视）

2.釉陶擂钵（07TTT4②：6）

1. 直腹陶罐（07TTT4②：5）

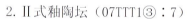

2. Ⅱ式釉陶坛（07TTT1③：7）

1.地方窑Ab型Ⅰ式土青花瓷碗（07TTT1③：1正视）

2.地方窑Ab型Ⅰ式土青花瓷碗（07TTT1③：1）

1. B型III式釉陶缸（07TTT2③：5）

2. 陶杯（07TTT4③：3）

1.地方窑Ab型Ⅰ式土青花瓷碗（07TTT1④：8）

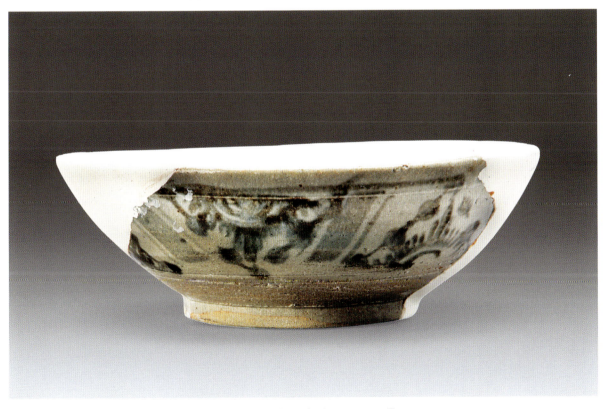

2.地方窑Ac型土青花瓷碗（07TTT1④：7）

1.地方窑C型Ⅳ式土青花瓷碗（07TTT4④：1）

2.地方窑D型Ⅱ式土青花瓷碗（07TTT3④：9）

1. 景德镇窑系E型青花瓷碗（07TTT4④：3正视）

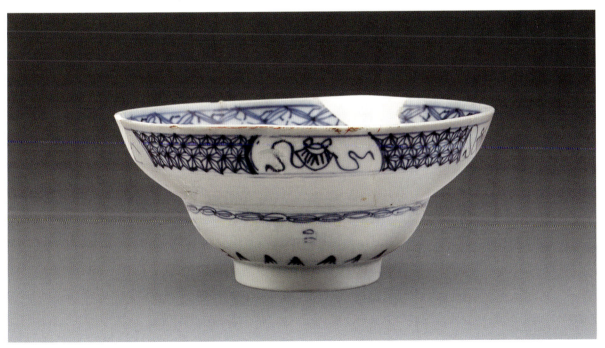

2. 景德镇窑系E型青花瓷碗（07TTT4④：3）

1.景德镇窑系B型Ⅳ式青花瓷酒杯（07TTT1④：2）

2.景德镇窑系B型Ⅳ式青花瓷酒杯（07TTT1④：2背视）

1. 地方窑E型Ⅱ式土青花
瓷碗（07TTT1④：9）

2. 釉陶品酒杯（07TTT2④：1）

1. C型釉陶壶（07TTT2④：8）

2. B型釉陶灯盏（07TTT1④：12）

1. 陶灯盏（07TTT2④：6）

2. 地方窑B型Ⅲ式土青花瓷碗（07TTT2⑤：13）

1.地方窑C型Ⅳ式土青花瓷碗（07TTT3⑤：4）

2.地方窑D型Ⅰ式土青花瓷碗（07TTT3⑤：3）

1. 景德镇窑系Aa型Ⅲ式青花瓷碗（07TTT1⑤：23）

2. 景德镇窑系Ab型Ⅰ式青花瓷碗（07TTT1⑤：8）

1. 景德镇窑系Ab型Ⅱ式青花瓷碗（07TTT4⑤：6）

2. 景德镇窑系B型Ⅲ式青花瓷碗（07TTT3⑤：2）

1.景德镇窑系B型Ⅱ式青花瓷碗（07TTT2⑤：1正视）

2.景德镇窑系B型Ⅱ式青花瓷碗（07TTT2⑤：1）

1. 景德镇窑系B型Ⅲ式青花瓷碗（07TTT4⑤：1正视）

2. 景德镇窑系B型Ⅲ式青花瓷碗（07TTT4⑤：1）

1. 景德镇窑系C型青花瓷碗（07TTT4⑤：4正视）

2. 景德镇窑系C型青花瓷碗（07TTT4⑤：4）

1. 景德镇窑系Da型Ⅰ式青花瓷碗（07TTT4⑤：10正视）

2. 景德镇窑系Da型Ⅰ式青花瓷碗（07TTT4⑤：10）

1. 景德镇窑系Da型Ⅱ式青花瓷碗（07TTT4⑤：5正视）

2. 景德镇窑系Da型Ⅱ式青花瓷碗（07TTT4⑤：5）

1. 景德镇窑系Da型Ⅲ式青花瓷碗（07TTT3⑤：13）

2. 景德镇窑系Da型Ⅲ式青花瓷碗（07TTT3⑤：1）

1. 景德镇窑系Da型Ⅲ式青花瓷碗（07TTT3⑤：1正视）

2. 景德镇窑系Da型Ⅲ式青花瓷碗（07TTT3⑤：1背视）

1. 景德镇窑系Db型Ⅱ式青花瓷碗（07TTT4⑤：2）

2. 景德镇窑系B型Ⅱ式青花瓷盘（07TTT2⑤：3）

1. 景德镇窑系 B 型 II 式青花瓷盘（07TTT2⑤：3正视）

2. 景德镇窑系B型II式青花瓷盘（07TTT2⑤：3背视）

1. 景德镇窑系A型Ⅲ式青花瓷酒杯（07TTT1⑤：2）

2. 景德镇窑系A型Ⅲ式青花瓷酒杯（07TTT1⑤：11）

1. 景德镇窑系C型Ⅱ式青花瓷酒杯（07TTT2⑤：8正视）

2. 景德镇窑系C型Ⅱ式青花瓷酒杯（07TTT2⑤：8）

1. 景德镇窑系C型Ⅱ式青花瓷酒杯（07TTT2⑤：10正视）

2. 景德镇窑系C型Ⅱ式青花瓷酒杯（07TTT2⑤：10）

1.B型Ⅱ式釉陶缸（07TTT3⑤：6）

2.地方窑Aa型Ⅰ式土青花瓷碗（07TTT2⑥：1）

1.地方窑Aa型Ⅱ式土青花瓷碗（07TTT1⑥：1）

2.地方窑Aa型Ⅱ式土青花瓷碗（07TTT4⑥：7）

1.地方窑B型Ⅰ式土青花瓷碗（07TTT3⑥：11）

2.地方窑B型Ⅰ式土青花瓷碗（07TTT2⑥：2）

1. 地方窑C型Ⅱ式土青花瓷碗（07TTT3⑥：5）

2. 景德镇窑系Aa型Ⅱ式青花瓷碗（07TTT4⑥：2）

1.景德镇窑系Aa型Ⅰ式青花瓷碗（07TTT1⑥：7正视）

2.景德镇窑系Aa型Ⅰ式青花瓷碗（07TTT1⑥：7）

1.景德镇窑系Aa型Ⅰ式青花瓷碗（07TTT4⑥：1正视）

2.景德镇窑系Aa型Ⅰ式青花瓷碗（07TTT4⑥：1）

1. 景德镇窑系Aa型Ⅰ式青花瓷碗（07TTT4⑥：1背视）

2. 景德镇窑系A型Ⅰ式青花瓷酒杯（07TTT1⑥：4）

1. 景德镇窑系B型Ⅰ式青花瓷碗（07TTT4⑥：9）

2. 景德镇窑系B型Ⅰ式青花瓷碗（07TTT4⑥：9背视）

1.景德镇窑系B型Ⅰ式青花瓷酒杯（07TTT1⑥：3）

2.A型Ⅰ式釉陶壶（07TTT4⑥：3）

1.A型Ⅰ式釉陶壶（07TTT3⑥：7）

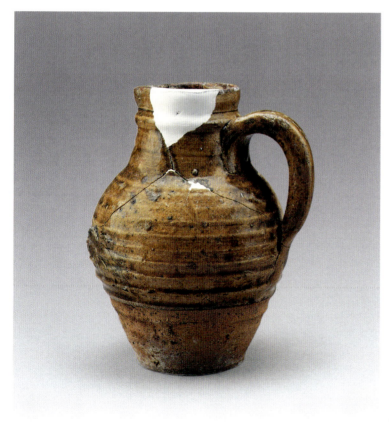

2.B型Ⅰ式釉陶壶（07TTT1⑥：5）

1. I 式陶壶（07TTT1⑥：2）

2. 釉陶大烟烟锅（07TTJK1：5）

3. 石圆饼形器
（07TTT1⑥：1）

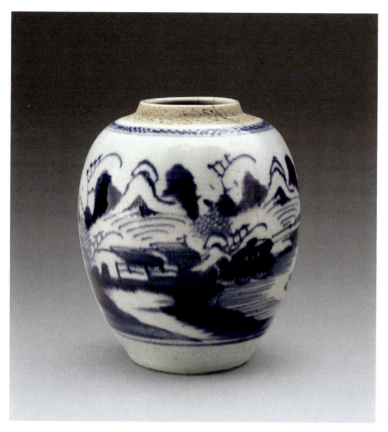

1. 景德镇窑系A型III式青花瓷罐（07TTJK1：10）

2. 景德镇窑系A型III式青花瓷罐（07TTJK1：10）

1.陶大烟烟锅（07TTJK1∶8）

2.陶大烟烟锅（07TTJK1∶8）
"谢记寿林"铭文

1.景德镇窑系A型青花瓷灯盏（07TTJK1：18）

2.景德镇窑系A型Ⅳ式青花瓷酒杯（07TTJK3：16）

1.A型釉陶灯盏（07TTJK3：6）

2.B型釉陶灯盏（07TTJK3：4）

1. C型釉陶灯盏（07TTJK3：2）

2. 陶火炉（07TTJK3：5）

1. 釉陶品酒杯（07TTJK5：3）

2. B型Ⅲ式釉陶壶（07TTJK5：2）

1. 景德镇窑系B型Ⅱ式青花瓷碗（07TTJK6：4正视）

2. 景德镇窑系B型Ⅱ式青花瓷碗（07TTJK6：4）

1.景德镇窑系B型Ⅱ式青花瓷碗（07TTJK6：4）

2.景德镇窑系B型Ⅱ式青花瓷碗（07TTJK6：4）

1. 景德镇窑系A型Ⅱ式青花瓷罐（07TTJK6∶3）

2. 景德镇窑系A型Ⅱ式青花瓷罐（07TTJK6∶3）

1.B型Ⅱ式釉陶壶（07TTJK6：5）

2.地方窑C型Ⅲ式土青花瓷碗（07TTJK7：7）

1. 景德镇窑系C型青花瓷碗（07TTJK7：11正视）

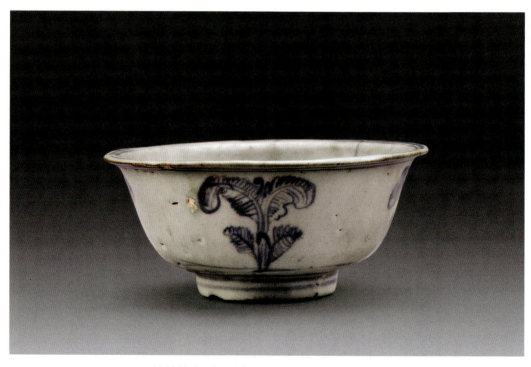

2. 景德镇窑系C型青花瓷碗（07TTJK7：11）

1. 景德镇窑系C型青花瓷碗（07TTJK7：23正视）

2. 景德镇窑系C型青花瓷碗（07TTJK7：23）

1. 景德镇窑系Da型Ⅱ式青花瓷碗（07TTJK7：12）

2. 景德镇窑系Da型Ⅱ式青花瓷碗（07TTJK7：12正视）

3. 景德镇窑系Da型Ⅱ式青花瓷碗（07TTJK7：12背视）

1. 景德镇窑系C型Ⅰ式青花瓷酒杯（07TTJK7：21）

2. 景德镇窑系C型Ⅰ式青花瓷酒杯（07TTJK7：21正视）　3. 景德镇窑系C型Ⅰ式青花瓷酒杯（07TTJK7：21背视）

1.景德镇窑系Da型Ⅱ式青花瓷碗（07TTJK7：1）

2.景德镇窑系Da型Ⅱ式青花瓷碗（07TTJK7：1背视）

景德镇窑系Da型Ⅱ式青花瓷碗（07TTJK7：1正视）

1.景德镇窑系"成"字底款青花瓷
酒杯底（07TTJK7：14）

2.景德镇窑系B型Ⅱ式青花瓷盘（07TTJK7：2正视）

1. 景德镇窑系B型Ⅱ式青花瓷盘（07TTJK7：2）

2. 景德镇窑系B型Ⅱ式青花瓷盘（07TTJK7：2背视）

1. 景德镇窑系Db型Ⅰ式青花瓷碗（07TTJK7：4正视）

2. 景德镇窑系Db型Ⅰ式青花瓷碗（07TTJK7：4）

1. B型Ⅱ式釉陶壶（07TTJK7：3）

2. Ⅰ式釉陶钵（07TTJK7：24）

1.B型Ⅰ式釉陶罐（07TTJK7：4）

2.直口陶罐（07TTJK7：9）

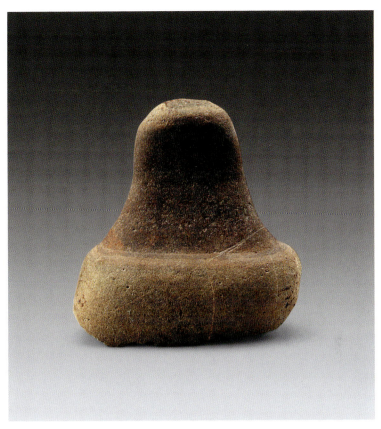

1. 石锤（07TTJK7：10）

2. 石臼（07TTjk4：1）

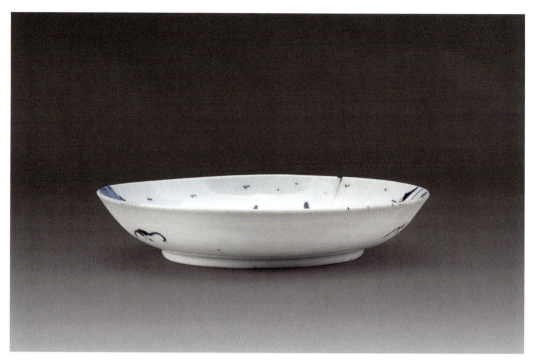

1. 景德镇窑系Ab型III式青花瓷盘（07TTH1∶4）

2. 景德镇窑系Ab型III式青花瓷盘（07TTH1∶4背视）

1. 景德镇窑系Ab型Ⅲ式青花瓷
   盘（07TTH1：4正视）

2. 景德镇窑系带底款青花瓷片（07TTH1：8）

1. 景德镇窑系C型III式青花瓷酒杯（07TTH1：5正视）

2. 景德镇窑系C型III式青花瓷酒杯（07TTH1：5）

1.地方窑A型I式土青花瓷盘（07TTH2：7正视）

2.地方窑A型I式土青花瓷盘（07TTH2：7）

1. 景德镇窑系 B 型 I 式青花瓷盘（07TTH2：1）

2. 景德镇窑系 B 型 I 式青花瓷盘（07TTH2：1背视）

景德镇窑系 B 型 I 式青花瓷盘（07TTH2：1正视）

景德镇窑系 A 型 I 式青花瓷罐（07TTH2：8）

1. A型Ⅱ式釉陶壶（H3：8）

2. B型Ⅲ式釉陶壶（07TTH3：4）

1. 专业人员观察酿酒窖池07TTJK7窖壁上残存的窖泥

2. 专业人员提取酿酒窖池07TTJK7窖壁上残存的窖泥

1. 酿酒窖池07TTJK7出土窖泥

2. 酿酒窖池07TTJK7出土酒糟

1. 第⑥层出土的景德镇窑系青花瓷碗（一）

2. 第⑥层出土的景德镇窑系青花瓷碗（二）

1. 景德镇窑系青花瓷"寿"字纹碗

2. 景德镇窑系青花瓷珍珠地石榴纹碗

1. 第⑤层出土的景德镇窑系青花瓷碗

2. 景德镇窑系青花瓷龙纹酒杯

1. 景德镇窑系青花瓷折腹碗

2. 景德镇窑系青花瓷缠枝花卉纹酒杯

1. 釉陶品酒杯

2. 景德镇窑系青花瓷酱釉酒杯